Power für den ganzen Tag

Gerhard H. Eggetsberger

Power für den ganzen Tag

7 Übungen zur Steigerung der Lebensenergie

Orac
Wien • München • Zürich

Der Autor:

Gerhard H. Eggetsberger, geboren 1954, studierte Biochemie und ist seit über zehn Jahren leitender technischer Direktor am Institut für Biokybernetik und Feedbackforschung in Wien. Er gründete das Institut für Wirkstoffanalyse und entwickelte völlig neue Meß- und Verfahrenstechniken für ein modernes Mentaltraining, das europaweit zum Einsatz kommt. Er ist Autor einer Reihe von Fachbüchern über das Zusammenwirken von Nervensystem und Gehirn.

5. Auflage 1996

ISBN 3-7015-0350-8

Einbandgestaltung: Katharina Uschan
Grafiken im Innenteil: Traute Molik-Riemer (Seite 27, 28, 29, 30, 31, 37, 38, 41, 64), Institut für Biokybernetik und Feedbackforschung (Seite 23, 33, 34, 75)
Lektorat: Elisabeth Tschachler-Roth
Satz und Repro: Zehetner Ges. m. b. H., A-2105 Oberrohrbach
Druck und Bindung: Tlaciarne, Slowakei

Inhalt

Danksagung

Für die Entstehung dieses Buches und die Ermöglichung der damit verbundenen Forschungsarbeit bin ich vielen Menschen zu Dank verpflichtet. Ganz besonders möchte ich allen Mitarbeitern des Instituts für angewandte Biokybernetik und Feedbackforschung danken sowie dem interdisziplinären Arbeitsteam, das seit Jahren meine Forschungsarbeiten erst ermöglicht.
Besondere Anerkennung spreche ich auch meiner Frau Renate aus, die gerade an diesem Buch intensiv mitgearbeitet hat.
Mein Dank gebührt aber auch dem Orac Verlag, ganz voran dem Verlagsleiter, Herrn Leo Mazakarini, der von Idee und Inhalt dieses Buchs sofort begeistert war.

Wichtiger Hinweis

In diesem Buch wird unter anderem die Anwendung von ätherischen Ölen erläutert. Ebenso sind verschiedene Teemischungen und organische Wirkstoffe angeführt. Alle empfohlenen Ölkombinationen wurden mit Hilfe von Biofeedbackanlagen ausgemessen und auch praktisch erprobt.
Wenn Sie schwanger sind, in Ihrer Familie Fälle von Epilepsie bekannt sind oder Sie sich in ärztlicher Behandlung befinden, informieren Sie bitte Ihren Arzt/Therapeuten über Ihr Vorhaben, Kräuter oder ätherische Öle anzuwenden.
Ätherische Öle sind sehr oft hochwirksame Substanzen, die richtig dosiert werden müssen. Halten Sie sich deshalb bitte genau an die Anwendungsvorschriften und die angegebenen Dosierungen.
Wer die empfohlenen Übungen praktizieren möchte, sollte (vor allem bei gesundheitlichen Problemen) zunächst in bezug auf Verträglichkeit und Folgen seinen Arzt kontaktieren.
Der Autor und der Verlag lehnen ausdrücklich die Verantwortung für alle Risiken, die dem Leser durch die im Buch beschriebenen Anwendungen entstehen könnten, ab.
Der Nachweis der PC-Energie wurde mit dem sogenannten PCE-SCANNER (Biodata System 3000) erbracht. Dieses Gerät wurde in unserem Institutslabor entwickelt und wird über einen elektronischen Meßgerätevertrieb weltweit

verkauft. Alle Rechte zum PCE-SCANNER liegen beim Institut für angewandte Biokybernetik und Feedbackforschung, Wien, und bei G. H. Eggetsberger.

Technische Daten:
Beim PCE-SCANNER handelt es sich um ein Verfahren, das sogenannte Hirn- und Körperfelder über einen Computer sichtbar macht. Das Meßverfahren nimmt die feinen Zell-, Nerven- und Hirnströme auf, die im Hintergrund des EEG liegen. Eine spezielle Software macht die Lebensenergieströme meßbar. Das Verfahren stellt eine Innovation auf dem Gebiet des Konzentrations-, Mental- und Gesundheitstrainings dar.

Für Fragen zu dem in diesem Buch beschriebenen Verfahren oder für Informationen über unser Trainings- und Seminarprogramm stehen Ihnen der Autor und die Mitarbeiter des Instituts für angewandte Biokybernetik und Feedbackforschung gerne zur Verfügung.

Institut für angewandte Biokybernetik und Feedbackforschung
Josefstädter Straße 72
1080 Wien
Tel: 408 77 36, 408 38 72
Fax: 403 41 51
Internet-Adresse: http://www.biofeedb.ac.at/
E-mail-Adresse: ibf@silverserver.co.at

Re®-Training, Psychogenes Hirnfeld® und Biokybernetisches Training® sind eingetragene Marken.

Zu diesem Buch

Es wird Leute geben, die diese Entdeckung freudig aufnehmen,
weil sie sie immer schon erwartet haben.
Es wird aber auch Leute geben, denen sie weh tut,
denn sie enthüllt die Unzulänglichkeit ihrer Weltauffassung.

Ein neuartiges Energietraining

1995 ist es unserem Institut erstmals gelungen, die menschliche Sexualenergie, die eine enorme Lebensenergie darstellt, zu messen und somit wissenschaftlich nachzuweisen. Zwei Voraussetzungen waren dafür notwendig: die Entwicklung eines Meßverfahrens zur Darstellung des psychogenen Hirnfeldes (1983) und die fortlaufende Erforschung des menschlichen Organismus samt der damit verbundenen Hirnaktivität (Veränderungen des Gehirnfeldes).
Im Zuge dieser Untersuchungen wurde ich auf den PCE-Effekt aufmerksam: Ich entdeckte eine Verbindung zwischen dem Pubococcygeusmuskel (der Einfachheit halber PC-Muskel genannt), der im unteren Beckenbereich liegt, und dem Gehirn. Durch eine bestimmte Art der Anspannung des PC-Muskels in einer bestimmten Körperhaltung beginnt die Lebensenergie durch den Rükkenmarkskanal zu fließen und sich im Nervensystem auszubreiten. Durch mehrmalige Wiederholung dieser Übung konnte ich erstmals eine immer stärker werdende Aufladung des Gehirns feststellen. Keine andere Übung oder Technik, die ich in unserem Labor überprüfte, brachte eine solche Intensität an energetischer Körper- oder Gehirnaufladung mit sich.
Aus diesem revolutionären Ergebnis entwickelten wir eine neue Methode zur energetischen Aufladung des Gehirns. Diese Methode besteht in speziellen Körperhaltungen, die den inneren Energiefluß harmonisieren und Stauungen abbauen, und im richtigen Anspannen des Beckenbodenmuskels, der sich sozusagen als „Energiegenerator“ herausgestellt hat. Mit sieben einfachen Übungen, die wir das PC-Energie-Training (kurz: PCE-Training) genannt haben, lernen Sie, Ihr Energiesystem zu aktivieren und die Lebensenergie ins Gehirn

zu lenken. Dieses Training wurde mit biomedizinischen High-Tech-Meßgeräten erprobt, in langen Testreihen entwickelt und wird bereits von Spitzensportlern angewandt.
Zur Trainingsunterstützung sind am Ende dieses Buches einige Rezepte für ätherische Öl- und Kräutermischungen und ein paar Tips angeführt, wie Sie Ihre Energien noch wirkungsvoller erwecken können.

Was bringt das PCE-Training?

Energie für Ihre kleinen, grauen Zellen, wo und wann immer Sie diese brauchen; jugendliche Spannkraft, Konzentration, sexuelle Kraft; Wohlbefinden durch die Produktion von sogenannten Glückshormonen; charismatische Ausstrahlung, Erfolg.

Wo hilft das PCE-Training?

Im Beruf, in der Schule und im Sport: zur Steigerung von Konzentration, Motivation, Durchsetzungskraft.
Im Privatleben: bei Energielosigkeit, Depression und Krankheit im allgemeinen, zur Stärkung des Immunsystems, zur Regeneration oder bei sexuellen Problemen.
Alle Menschen, die zu Höchstleistungen fähig sind, ob im Bereich von Kunst, Wissenschaft, Management oder Politik, setzen diese Energie unbewußt ein. Alle charismatischen Personen der Weltgeschichte wußten sie zu nutzen. Wer nicht weiß, wie er diese Energie aktivieren kann, bleibt Mittelmaß.

Die Lebens- und Sexualenergie

In jedem Kulturkreis wird sie anders bezeichnet, die Kung-Buschmänner Südafrikas nennen sie Num, die Heilungsenergie, die chinesischen Weisen nennen sie Ch'i, die Lebensenergie, in Indien wird sie Kundalini genannt, die schöpferische Lebens- oder Schlangenenergie.
Das Kundalini-Yogasystem zählt zu den ältesten Geheimlehren Indiens. Es

beschreibt, wie die im Beckenbereich jedes Menschen ruhende Energie durch verschiedene meditative Methoden und Körperübungen geweckt werden kann. Die westliche Wissenschaft stand dieser Idee lange Zeit skeptisch bis ablehnend gegenüber. Der Kundalini-Gedanke wurde mit dem Argument: „Was man nicht messen kann, das gibt es nicht, was man nicht im Laborversuch wiederholen kann, hat selten Aussicht auf wissenschaftliche Anerkennung", sehr oft in den Bereich der religiösen Phantasien gedrängt.
Diese Anschauung änderte sich schlagartig mit der Entdeckung des PCE-Effekts. Viele Wissenschaftler und Mediziner konnten den PCE-Versuchen in unserem Institutslabor beiwohnen und das Verfahren selbst testen. Auch sie sind zur Überzeugung gelangt: Kundalini, die Schöpfungsenergie, die Sexual- und Lebensenergie, ist nicht nur meßbar, sondern auch für die Menschen der westlichen Welt aktivierbar geworden.

Von allen Büchern, die ich bisher verfaßt habe, ist das nun vorliegende sicher jenes, welches zu schreiben mir die größten Schwierigkeiten, aber zugleich auch größte Freude bereitet hat. Im Laufe meiner Forschungsarbeiten im Institut für angewandte Biokybernetik und Feedbackforschung habe ich bisher sechs Bücher veröffentlicht. Die Themen waren vielschichtig, und so entstanden Fachbücher über Biofeedbacktechniken, Hypnose, Mentaltraining, Charismatraining und auch über Sexualität. Bei jedem dieser Bücher hatte ich eine klare Vorstellung über Aufbau und Inhalt. Etwas schwieriger gestaltete es sich bei diesem. Im Zuge der faszinierenden Entdeckung der PC-Energie fand ich plötzlich die Antwort auf viele offene Fragen. Explosionsartig kamen mir vielerlei Ideen gleichzeitig. Neue Interpretationsmöglichkeiten und Trainingsmöglichkeiten taten sich auf – ich war fasziniert. Eine neue Welt entstand vor meinem imaginären Auge. Es zeigten sich mit einem Schlag Möglichkeiten, weitere noch ungenutzte Bereiche des Gehirns zu aktivieren, unsere Lebensqualität zu verbessern, Jugend und Energie für unser Leben zu gewinnen und zu erhalten.
Mit diesem Buch möchte ich Sie einladen, das erste Stück auf dem Weg dorthin mit mir zu gehen.

Ein klarer Fall

Es war behaglich, eine angenehm weiche, selbstschwingende Lederliege in einem ruhigen Raum, weit weg von allem. Ich befand mich in einem der Laborräume des Instituts in Wien. Leise und monoton summte der Computer. Irgendwie hatte ich mir alles steriler vorgestellt. Nun, ich war gespannt auf das, was in der nächsten Stunde auf mich zukommen würde.

Das Institutspersonal schloß mich an ein neuartiges Meßsystem an, welches – wie man mir sagte – von meinem Körper und meinen Hirnsignalen ca. 40.000 Daten in der Sekunde messen und auswerten kann. Man befestigte dazu einige Elektroden auf meinem Kopf und an meinen Fingern. Alles verlief unproblematisch. Ich behielt sogar meine Straßenkleidung an. Die aufgeklebten Elektroden störten mich nicht lange.

Eine der Biofeedbacktrainerinnen erklärte mir, was ich gleich auf dem Monitor sehen würde. Über dem Bildschirm war ein Balken mit kleinen Lampen angebracht, und hier würde ich die Entfaltung meiner eigenen Lebenskraft sehen. Leuchteten die Lampen von unten nach oben auf – so erläuterte sie mir –, war das ein Zeichen für meine aufsteigende Energie. Jede einzelne Lampe symbolisierte einen Energieanstieg von einem Prozent.

Der Test konnte beginnen. So richtig motiviert war ich nicht. Für mich war es zu früh am Morgen, ich fühlte mich unruhig und leicht depressiv. Eigentlich wollte ich an diesem Tag den Powertest schon verschieben, hatte mich aber dann doch dazu durchgerungen. Das Thema hatte mich schon lange interessiert, und als ich im Fernsehen davon hörte, wollte ich es genau wissen: Kann wirklich jeder ohne lange Lernphase die Lebensenergie erwecken? Einige Bücher hatte ich schon zu dieser Thematik gelesen: „Kundalini – die Lebensenergie der Yogis", „Ch'i – die innere Energie der alten Chinesen" usw. Diese Art von Energie sollte aus dem Becken aufsteigen und das Rückenmark entlang bis ins Gehirn gelangen. Dabei sollte sie Chakren (Energiewirbel) an der Wirbelsäule aufsteigend durchlaufen und diese aktivieren. Mystik, Magie oder doch Wissenschaft? Die verschiedensten Techniken wurden seit ewigen Zeiten angeboten, komplizierte Yogaübungen, lange Meditationen, Mantras (heilige

Silben und Worte), doch immer hieß es nur: üben, glauben, hoffen. Das Resultat war verlockend – einmal aktiviert, sollte diese in uns wohnende Energie Zellen in unserem Gehirn in Bewegung setzen, die neue, ungeahnte Fähigkeiten ermöglichen. Das Leben soll durch die Aktivierung der Kundalini-Energie verlängerbar werden. Das Schlafbedürfnis soll geringer werden. Konzentration und scharfer Verstand, Kreativität und nicht zuletzt auch ein spirituelles Wachstum werden dieser Energie zugeschrieben. In jedem von uns angelegt, wartet diese Energie auf ihre Erweckung. War das nicht Grund genug, trotz schlechter Stimmung und Übermüdung den Versuch der Aktivierung zu wagen?
In diese Gedanken versunken, ließ ich mir nochmals erklären, welche Körperhaltung ich einnehmen mußte, wie ich meinen Beckenbodenmuskel anspannen mußte, vor allem in welchem Rhythmus ich den Muskel anspannen sollte, entspannen und dabei atmen mußte. Es hörte sich alles sehr einfach an. Irgendwie konnte ich es gar nicht glauben, daß eine so einfache Technik irgend etwas in mir bewirken sollte. Eine Taste am Computer wurde betätigt, mein Test konnte beginnen.
Die Grafik am Bildschirm zeigte die Aktivität meiner beiden Hirnhälften, ruhig und gleichmäßig bewegten sich die Linien über den Monitor. Eine rote Linie symbolisierte die Aktivität meiner rechten Gehirnhälfte (hier liegen meine Emotionen, meine Kreativität), und eine blaue Linie stellte die Aktivität meiner linken Gehirnhälfte (logischer Verstand, analytisches Denken) dar. Auch der Balken zeigte keine besondere Aktivität. Da ertönte ein Signal. Am Bildschirm erschien der Befehl „Muskel anspannen". Ich sollte nun 10 Sekunden meinen Beckenbodenmuskel anspannen und dabei einatmen. Wieder das Tonsignal und der Befehl „Muskel entspannen". Am Monitor geschah noch nichts Wesentliches. Also doch, ich konnte es nicht! Wieder der Befehl, etwas widerwillig spannte ich meinen Muskel erneut an. Die Trainerin erklärte, meine Rückenmuskeln seien zu verspannt, ich solle mich entspannen.
Wieder das Tonsignal – Muskel entspannen und 10 Sekunden Pause. Piep, wieder anspannen – und da sehe ich, was ich zuvor bezweifelte, nämlich wie die beiden Linien, die meine Gehirnhälften darstellen, sich zum oberen Rand des Monitors bewegen und somit eine Aktivierung symbolisieren. Ich werfe einen Blick auf den Balken, vier der Lämpchen leuchten bereits. Und wieder entspannen, anspannen, die Leuchtdioden steigen weiter an. Die Grafik zeigt einwandfrei: Ich pumpe Energie über mein Rückenmark in mein Gehirn. Die Energie fließt, auch in den Entspannungspausen steigert sich die Energie, mein

Gehirn lädt sich förmlich auf. Und was viel wichtiger ist: Ich spüre diese Kraft. Ich fühle mich stark, meine Depressionen, meine Müdigkeit sind wie weggeflogen. Wieder das Kommando „Muskel anspannen", es ist das letzte Mal für diesen Test.
Zehnmal 10 Sekunden habe ich den Muskel angespannt. Einen Muskel, den ich vorher noch nie willentlich kontrahiert hatte. Einen Muskel, den ich noch nicht einmal bewußt wahrgenommen hatte. Er war es, der mir diese unglaubliche Energie lieferte. Ich war fasziniert. Der Muskel fühlte sich nun schwach an. Mir wurde erklärt, daß das ganz normal sei, aber ein Training würde den Muskel zu einem wahren Kraftwerk werden lassen. Das also war der neue Weg, aus meiner ständigen Müdigkeit, meinen oftmaligen Depressionen und meiner Konzentrationsschwäche auszubrechen.
Zufrieden ging ich nach Hause. Die Zeit des Trainings begann. Den Beckenbodenmuskel zu stärken war ganz einfach – im Auto, im Büro, überall konnte ich die Übung unbemerkt durchführen. Schon bald stellte ich fest, daß ich aktiv etwas gegen meine ständige Müdigkeit tun konnte, fühlte ich mich schlecht, so spannte ich einfach den Muskel einige Male fest an. Es half sofort. Wochen vergingen. Die Übungen wurden für mich eine automatische Angelegenheit, denn ich war damit an keine Zeit und keinen Ort gebunden. Manchmal ertappte ich mich dabei, den Muskel unwillkürlich anzuspannen, scheinbar wußte mein Unbewußtes, was mir fehlte. Ich fühlte mich stark, ich fühlte mich vor allem sicher. Meine Kraft war in mir, ich konnte sie jederzeit aktivieren. Nun wurde es für mich zur Gewohnheit, das PCE-Training auch kurz vor dem Einschlafen durchzuführen. Mein Körper regeneriert sich so besser, und meine Zellen laden sich förmlich im Schlaf mit Energie auf. Und was das beste ist: Ich bin kreativer, kann mich besser konzentrieren, was früher nicht gerade meine Stärke war. Mein Gehirn ist flexibel geworden.
Acht Wochen waren vergangen seit meinem ersten Test im IBF. Ich hatte es nicht nötig, aber ich wollte es genau wissen. War alles nur Einbildung, oder hatte sich meine Energie tatsächlich stark verbessert?
Der zweite Test begann. „Muskel anspannen", diesmal stieg die Kurve steil an. Der Leuchtbalken zeigte es deutlich: Die Kraft, die ich verspürte, war da, meßbar. Meine Energie stieg, verglichen mit dem Anfangswert, um 600 Prozent! Eine für mich unglaubliche Leistung, nach nur acht Wochen Training. Doch mir wurde gesagt, daß ich mit meinen Werten bloß im guten Durchschnitt läge. Jeder, der übt, erreicht diesen Energiezuwachs. Für mich war das alles phan-

tastisch. Nicht genug, daß es nun endlich gelungen war, die Energie des Lebens zu messen, es war durch diese Forschung auch ein einfaches Trainingssystem entdeckt worden, das jedem Menschen, egal welchen Alters, zugute kommen kann.
Jeder, dem ich von meiner unglaublichen Technik erzählt habe, ist fasziniert von der Geschichte. Viele meiner Freunde praktizieren nun diese Übung regelmäßig mit dem gleichem Erfolg wie ich. Und wie ich hörte, machen das auch viele Spitzensportler und Künstler, um die nötige Power für ihre Höchstleistungen zu erhalten.

K. N.

Die Grundlagen

Es sind nun nahezu dreizehn Jahre vergangen, seit ich durch die Anwendung eines neuen Hirnmeßverfahrens das psychogene Hirnfeld entdeckte. Das psychogene Hirnfeld ist der Gleichspannungsanteil des elektrischen Hirnfeldes innerhalb der einzelnen Hemisphären. Dieses Feld ist ausschlaggebend für alle Schaltvorgänge im Gehirn, für Gefühle und Denkprozesse ebenso wie für jede Körperaktion. Die Stärke und Ausformung des Hirnfeldes – das erkannten wir bald – entscheidet über Gesundheit, Wohlbefinden und Leistungsfähigkeit. Durch den Einsatz neuer Biofeedbacktechniken war es uns gelungen, das psychogene Hirnfeld unter sogenannte operante Kontrolle, also unter eine willentliche Beeinflussung zu bringen. Von 1983 bis 1994 lehrten wir viele Menschen die willentliche Beeinflussung ihres persönlichen Hirnfeldes und damit die Kontrolle über ihre Leistungsfähigkeit und über ihr Wohlbefinden. Bis 1994 setzten wir dafür ausschließlich die Techniken des Biofeedbacks und der Suggestion ein, da wir glaubten, daß eine positive Beeinflussung des Hirnfeldes nur über mentale Strategien, also durch geistige Selbstbeeinflussung, möglich wäre. Unsere Erfolge sprachen für sich. In- und ausländische Zeitungen und mehrere Fernseh- und Radiosender berichteten über unsere Arbeit. Unsere speziellen Biofeedbackmeßgeräte, mit denen das psychogene Hirnfeld gemessen und trainiert werden kann, werden mittlerweile von Ärzten aller medizinischen Richtungen eingesetzt.

Die Sexualenergie wird meßbar

Im Jahre 1993 begannen wir mit einer neuen Untersuchungsreihe. Wir wollten die menschliche Sexualität und vor allem den Orgasmus erforschen. Ausschlaggebend für den Beginn dieser Forschungsreihe war, daß viele Menschen, die bei uns ein Konzentrationstraining absolvierten, gleichzeitig und völlig unerwartet auch maßgebliche Verbesserungen ihrer sexuellen Empfindungen erfuhren. Dafür suchten wir Erklärungen. Die Fachliteratur war nicht sehr hilfreich, da sich die meisten Forschungen ausschließlich mit den Geschlechtsorganen beschäftigen. Unserer Meinung nach mußten die Erklärungen für dieses Phänomen im Nervensystem und vor allem im Gehirn zu finden sein. Hier interessierten uns besonders die hirnelektrischen Abläufe vor und während des Orgasmus. Bei Hirnfeldmessungen während des Geschlechtsverkehrs (den Versuchspersonen wurde ein tragbares Hirnfeldmeßgerät mit Aufzeichnungsvorrichtung mit nach Hause gegeben) zeigte sich, daß die rechte Gehirnhälfte sich nach und nach mit mehr Energie auflädt als die linke. Das Gehirn speichert also immer mehr Energie, bis sich diese bei einem bestimmten Sättigungsgrad wieder entlädt. Gleichzeitig war erkennbar, daß, je aktiver und erregter der Mensch wurde, um so mehr und schneller Energie in sein Gehirn strömte. Daraus ergab sich die Frage: Woher kommt diese Energie, wo wird sie erzeugt? Bei der nun folgenden Suche nach der Quelle dieser „Sexualenergie" erinnerte ich mich an den PC-Muskel (Pubococcygeus-Muskel) des Beckenbodens, der beim Geschlechtsverkehr eine wichtige Rolle spielt. Schon frühere Untersuchungen darüber hatten nämlich gezeigt, daß dieser Muskel mit der Orgasmusfähigkeit zu tun hat. Durch Biofeedbacktraining des PC-Muskels (hierzu entwickelten wir ein spezielles Trainingsgerät) lernten Frauen mit PC-Muskel-Schwäche unter Aufsicht eines Gynäkologen, diesen wieder zu kräftigen. Einer spontanen Idee folgend, versuchte ich, die PC-Muskel-Energie im Gehirn zu messen. Mein Gedanke war, daß durch das Zusammenziehen des PC-Muskels frei werdende Energien über das Rückenmark ins Gehirn weitergeleitet werden und daß sich dieser Prozeß durch eine feine Hirnfeldveränderung zeigen würde. Zuerst mußte aber eine spezielle Gerätekonfiguration entwickelt werden.

Mehr als nur ein Signal

Beim ersten Versuch mit dieser neuen Meßanordnung erwartete ich ein kleines Signal, sobald der PC-Muskel angespannt wurde. Ich stellte mich für diesen ersten Versuch selbst zur Verfügung und spannte mehrmals den PC-Muskel an. Ich war über das Meßergebnis verblüfft. Da war kein kleines Signal zu sehen, sondern eine enorme Veränderung! Um einen Meßfehler auszuschließen, wiederholte ich diesen Versuch mehrmals: Es ergab sich immer wieder dasselbe Bild. Ich notierte mir einige Geräteeinstellungen und wollte nochmals den Muskel aktivieren – doch der Effekt blieb aus. Also doch ein Zufall, ein

Meßfehler? Ich probierte es noch einmal, spannte den Muskel an – nichts! Ich setzte mich anders auf den Stuhl, und da war sie wieder, diese unglaubliche Aufladung! Mit jeder Muskelanspannung wurde die Energie in meinem Kopf stärker. Was war anders? Ich nahm auf dem Stuhl wieder dieselbe Position ein wie beim Fehlversuch, und es kam neuerlich trotz aller Anspannung zu keiner weiteren Aufladung des Gehirns. Ich erkannte, daß die Energie bei gekrümmtem Rücken kaum floß.

Nun testete ich alle anderen Muskeln des Körpers. Ich spannte die Bein-, die Bauch-, die Schulter- und die Stirnmuskeln an, ich ging alle Muskeln durch, bei keinem zeigte sich dieser Aufladungseffekt des Gehirns, gleichgültig, welche Haltung ich auch einnahm. Im Gegenteil, beim Anspannen mancher Muskelpartien wurde die Energie im Gehirn sogar schwächer. Einzig und allein der PC-Muskel setzte diese Energie frei. Ich war euphorisch, sofort wurde das Experiment auch mit anderen Personen durchgeführt. Bei jedem funktionierte es, egal ob Mann oder Frau, alt oder jung, allein die Haltung war ausschlaggebend. Die Energie strömte nur bei gerader Wirbelsäule, andernfalls war sie blockiert.

Jetzt wurde mir klar, was für einen Effekt ich hier messen konnte. Es war quasi die Aufladung des Gehirns, ausgelöst durch die Anspannung des PC-Muskels. Niemand hatte diesen Effekt vorher meßtechnisch nachgewiesen. Mir wurde überdies klar, daß man diesen Effekt für die Sexualtherapie nützen kann, indem man Menschen mit Orgasmusproblemen lehrt, genügend Energie (durch Anspannen des PC-Muskels) ins Gehirn zu bringen, so daß ein Orgasmus möglich wird. Und daß diese Energie – die ich PC-Energie (PCE) nannte – identisch mit der Sexual- und Lebensenergie der östlichen Weisen ist. Sie ist die indische Kundalini-Energie, die chinesische Ch'i- bzw. die japanische Ki-Energie, sie ist die Lebenskraft, die in anderen Kulturen als Quelle alles Erhabenen beschrieben wird.

Die Yogis und die asiatischen Weisen hatten also doch recht: Es gibt eine Energie, deren Ursprung im Beckenbereich liegt, die über das Rückenmark aufsteigt und sich im Gehirn konzentriert, wobei der größere Anteil in der rechten Hirnhälfte zu finden ist.

Was ist Kundalini?

Laboruntersuchungen des Kundalini-Phänomens werden in verschiedenen Teilen der Welt durchgeführt. In der Universität von Bangalore (Indien) läuft ein

Kundalini-Projekt, eine von der Regierung unterstützte Studie. Das renommierte Max-Planck-Institut für Biochemie hat bereits eine biochemische Kundalini-Studie durchgeführt. Das Interesse der Kundalini-Forschung ist heute allgemein hoch. Vor allem amerikanische Forscher bemühen sich, dem Kundalini-Effekt auf die Spur zu kommen.

Aber was ist Kundalini überhaupt?

Seit den fernen Zeiten der menschlichen Urgeschichte existiert ein bemerkenswertes Wissen um die inneren Energien, um Lebensenergie. Um die Beherrschung dieser gewaltigen Naturkraft ranken sich viele Mythen, und viele Tabus haben ihren Ursprung darin. Im indischen Kundalini-Gedanken ist uns dieses Wissen am deutlichsten übermittelt.

Kundalini ist ein Sanskrit-Wort und bedeutet „zusammengerollt" (wie eine Schlange oder Stahlfeder), und der Tradition entsprechend wird Kundalini durch eine Schlange symbolisiert. In den alten indischen Schriften ist Kundalini als eine Form latenter Bioenergie im menschlichen Körper beschrieben. Sie wird als Grundenergie, als Grundlebensform des Körpers angesehen, die sich im Gehirn konzentrieren kann, und ohne die Genialität und Erleuchtung nicht möglich ist. Laut den alten Texten ist Kundalini-Energie im ganzen Körper vorhanden, konzentriert sich jedoch vorwiegend im unteren Ende der Wirbelsäule, also in der Region der Lebenskraft übermittelnden Genitalien. Durch die Yoga-Disziplin kann diese „Schlangenenergie" geweckt und durch das Rückgrat und verschiedene Chakren (Energiezentren entlang der Wirbelsäule) oder Nervenzentren zum Gehirn geleitet werden. Diese Energie ist – so heißt es in den alten Texten – ungeheuer mächtig, und ihr wird nachgesagt, der Schlüssel zur Jugend und zur Hebung des Bewußtseins auf höhere mentale Wahrnehmungsebenen zu sein. Weckt man die „Schlangenkraft" und führt sie das Rückgrat entlang zu den schlafenden Gehirnzellen und Hirnzentren, so ist damit das Ziel aller geistiger Disziplin erreicht, ob der Praktiker das nun erkennt oder nicht. Der indische Kundalini-Spezialist Gobi Krishna sagt: „Kundalini ist, wenn sie geweckt ist, die Quelle psychischer Kräfte, der Genialität, künstlerischer Talente, wissenschaftlicher und intellektueller Hochleistungen", alles Charakteristika eines höheren Bewußtseins. Krishna erklärt aber auch weiter, daß sich mit zunehmender Kundalini ein höheres Bewußtsein entwickelt.

Kundalini wird in der Regel als zur indischen Philosophie gehörig angesehen. Es gibt sehr viele Weden, Tantriktexte und andere Schriften über das Thema Kundalini, die bis heute mangels Übersetzung der westlichen Welt unzugäng-

lich sind. Doch über diese Energie wird nicht nur in der Hindu-Literatur gesprochen. Krishnas Forschungen haben ihn zu der Schlußfolgerung gebracht, daß in den Schriften aus Tibet, Ägypten, Griechenland und anderen Kulturen und Traditionen Beweise für die Kundalini-Energie vorhanden sind, sogar das frühere Christentum soll sie gekannt haben. „Du wirst sein wie Gott . . .", sagte die Schlange im Paradies. Der Kopfschmuck des Pharao, die gefiederte Schlange aus Mexiko und Südamerika, all das weist laut Krishna auf die Schlangenenergie Kundalini hin. Die Akupunkturärzte nennen sie, wie schon erwähnt, Ch'i, die Griechen sprachen von Äther, die Christen nennen sie den Heiligen Geist, Baron Karl von Reichenbach nannte sie odische Kraft, Wilhelm Reich nannte sie Orgon, die südafrikanischen Buschmänner nennen sie Num, und diese Aufzählung ist noch nicht vollständig.
1937 berichtete Gobi Krishna, damals 34 Jahre alt, über sein subjektives Erlebnis des Kundalini-Erwachens. Vorangegangen waren 17 Jahre intensiver Yoga-Meditation, bei der er starke visuelle Vorstellungen in seine Meditationen eingebaut hatte. Um vier Uhr morgens stand er täglich auf und meditierte einige Stunden lang, ehe er seiner Tätigkeit als Angestellter bei der indischen Regierung nachging. In seiner Autobiographie „Kundalini: The Evolution Energy in Man" schreibt er: „Es gab ein Geräusch, als reiße ein Nervenstrang, und sofort schien ein silberner Strahl durch das Rückenmark zu schießen . . ., strahlende Energie ergoß sich in mein Gehirn . . ." So begann sich bei ihm nach jahrelanger Übung ein höherer Bewußtseinszustand zu entwickeln.
17 Jahre intensive Yoga-Meditation und Visualisation und dann ein schlagartiges Erwachen der Lebensenergie: ein langwieriges und auch gefährliches Unterfangen. Krishna berichtet weiter: „Es gab Zeiten, in denen sich mein Gesundheitszustand verschlechterte, Gesundheit und seelische Ausgeglichenheit wurden von Zweifel und Unsicherheit untergraben." Ein langwieriger Prozeß der Anpassung an die neue Energie war nötig, der weitere Jahre in Anspruch nahm.
Alle Menschen, die Besonderes leisten oder schaffen, zeichnen sich durch ein Übermaß an Kundalini-Energie aus. Das zeigte sich auch bei unseren Untersuchungen zum Thema Charisma, die in dem Buch „Charisma-Training" genauer beschrieben sind. Alle gemessenen charismatischen Persönlichkeiten zeigten starke hirnenergetische Aufladungen, vor allem in der rechten Hirnhälfte. Ihre Gehirne waren sozusagen mehr Energie gewohnt als Durchschnittsgehirne, bei charismatischen Personen war das Hirnfeld extrem stark aufgeladen, was auf einen ständigen Fluß von Lebensenergie/Sexualenergie zurück-

zuführen war. Sehr oft hat sich auch gezeigt, daß hochaktive Menschen auch sexuell stark aktiv sind.
Die Kundalini-Energie sucht sich durch die Sexualität einen Weg, das Übermaß abzubauen, den Betroffenen im wahrsten Sinne des Wortes durch Sex zu beruhigen, da während des Orgasmus Gehirnenergie frei wird. Doch nicht im Sex und im Orgasmus findet die Lebensenergie/Sexualenergie ihre höchste Erfüllung, sondern in der Aktivierung der schlafenden Hirnregionen, im Vordringen in andere Bewußtseinsformen. Alle bisher bekannten Übungen, um Kundalini zu wecken, sind meditative Methoden – vornehmlich das Yoga –, die die Sexualenergie im Beckenbereich umwandeln und ins Gehirn leiten sollen. Alle diese Übungen brauchen viel Zeit und konsequentes Üben, und Jahre vergehen, bis sich die ersten Anzeichen von Kundalini-Energie zeigen, oder aber es kommt zu einem spontanen Ausbruch, der wie der Bruch eines Staudammes wirkt, schlagartig und vor allem ungeordnet. Die Alternative dazu stellt unser Training dar.

Mehr Power durch PCE-Training

Dieses Training ist eine sanfte, aber doch konsequente Methode, mit der Sie Ihre Gehirnaktivität verstärken und Ihren Körper verjüngen können. Durch die Anwendung des PCE-Trainings entsteht ein (langsamer) Prozeß der Veränderung des Nervensystems und des Gehirns. Das Nervensystem, vor allem aber das Gehirn, lernt, mit dem größeren Angebot an Energie zu agieren. Das größere Angebot an Energie wiederum aktiviert Hirnzellen und Hirnbereiche, die sich erst einschalten, wenn ein Mindestmaß an Energie angeboten wird. Bei zu wenig Energie bleiben diese Hirnbereiche größtenteils inaktiv (wie im Schlafzustand). Im Alltag aktivieren sich diese Hirnbereiche nur selten, z. B. bei größter Gefahr, dann aber können sie Menschen zu unerklärlichen Dingen befähigen. Wenn nun durch mehr Energie das Gehirn auch in den ruhenden Sektoren erwacht, ist die erste Stufe des erweiterten Bewußtseins und der intensivierten Wahrnehmung erreicht. Nach und nach lernen Sie, mit den neu erweckten Zellverbänden umzugehen. Das ständige Training des PC-Muskels und die in diesem Buch beschriebenen Übungen mit der richtigen Körperhaltung sind nötig, um das Gehirn weitestgehend zu aktivieren, Nervensystem und Hirn zu energetisieren.

Ganz besonders werden auch die Hirnanhangdrüse (Hypophyse) und die Zirbeldrüse (Epiphyse) in diese neue Aktivität eingebunden: Ein Prozeß der Verjüngung entsteht, Sie fühlen sich wie in die Jugend zurückversetzt. Der ständige Energiefluß in einer nicht gekannten Stärke kommt jugendlicher Aktivität, gesteigerter sexueller Fähigkeit und Erfüllung gleich.

Die Schaltstufen des Gehirns

Unser Gehirn ist so aufgebaut, daß bestimmte Hirnzellen sich immer bei bestimmter Hirnfeldstärke aktivieren und daß bestimmte Fähigkeiten sich nur bei bestimmter Aktivität des Gehirns einschalten lassen, das heißt, es gibt im Gehirn Schaltstufen, sogenannte Energielevel.
Die Aktivierung eines höheren Energielevels schließt alle unter ihm liegenden Energiebereiche mit ein. Mehr Energie bedeutet mehr Aktivität im Gehirn, bedeutet also das Erwachen neuer Fähigkeiten. Menschen mit wenig Energie im Gehirn reagieren hauptsächlich mit ihrem Stammhirn und Mittelhirn (siehe Abbildung 2), den alten, archaischen Gehirnteilen. Diese Zentren sind von Natur aus so angelegt, daß sie mit wenig Energie auskommen. In diesem Fall regiert vor allem das Unterbewußte, also nicht der Verstand leitet diese Menschen, sondern sie sind oft Opfer von Ängsten und automatisch ablaufenden körperlichen Reaktionen. Die höheren geistigen Schichten sind in der Großhirnrinde angelegt, haben je nach Zone einen bedeutend größeren Energiebedarf. Dies erklärt auch, warum wir nur zehn Prozent unseres Gehirns nützen.
In diesem Zusammenhang stellt sich die Frage, warum die Natur ein so hochkomplexes System entwickelt hat wie unseren Neocortex, dessen Möglichkeiten wir nicht im entferntesten ausschöpfen. Die biologische Forschung zeigt uns, daß die Natur sparsam ist und ungenutzte Strukturen sogar abbaut. Bedenken Sie nur, wie schnell ein Muskel an Kraft verliert, wenn er in Gips liegt. Viele Schichten des Neocortex können aber nur arbeiten, wenn ihnen mehr Energie zur Verfügung steht, als im allgemeinen vorhanden ist. Ist unser Gehirn vorbereitet für einen weiteren Evolutionssprung – für ein Hochenergiewesen? Vielleicht verhilft gerade das PCE-Training, diese Entwicklung zu ermöglichen.

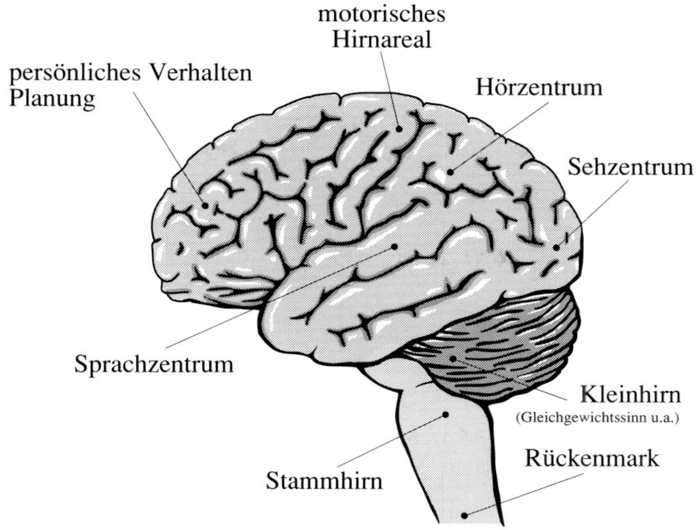

Abbildung 1: Die wichtigsten Zentren des Gehirns

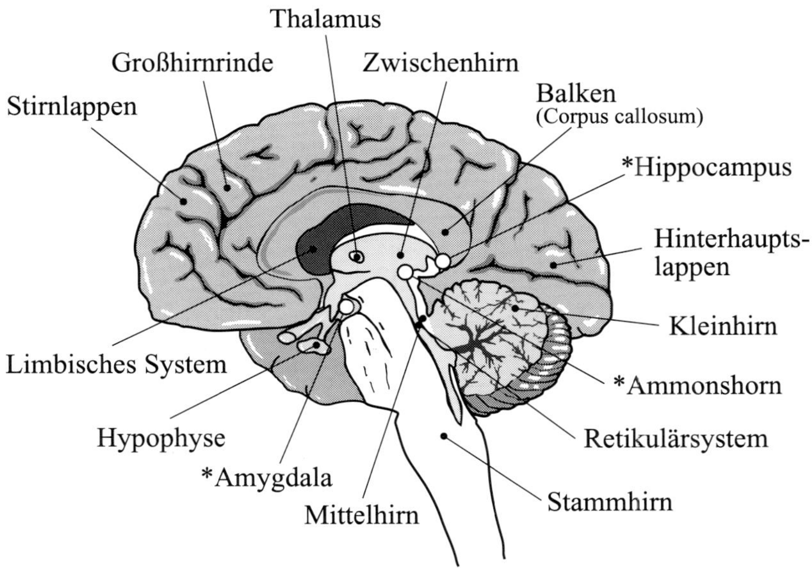

Die mit * bezeichneten Bereiche liegen vor bzw. hinter der gezeigten Schnittebene

Abbildung 2: Die wichtigsten Bereiche des Gehirns

Dazu ist es notwendig, das Gehirn oft mit dieser Energie zu versorgen, denn nur ein ständiges, mindestens zweimal täglich erfolgendes Durchfluten der Hirnzellen mit mehr Energie läßt diese auf Dauer aktiv werden. Sie werden, so könnte man in der Computersprache sagen, initialisiert.
Nur kurze Energiespitzen sind nicht ausreichend, brachliegende Hirnzellen auf Dauer zu aktivieren. Daher genügt die Energie, die beim Orgasmus entsteht, nicht, um für eine dauerhafte Aktivierung der ungenutzten Zellstrukturen zu sorgen. Denn die Energiehöhepunkte sind zumeist zu kurz, und die Energie wird danach auch gleich abgebaut.
Natürlich kann Sex den Prozeß beschleunigen, da er den PC-Muskel stärkt und die Energie im Gehirn vor jedem Orgasmus ansteigen läßt. Doch nur das PCE-Training aktiviert und lenkt die Energie so, daß es zu einer sicheren und dauerhaften Aufladung der Hirnzellen kommt.
Das PCE-Training bringt einen ständig steigenden Energiefluß, wodurch ein gleichmäßig ablaufender Prozeß der Aktivierung der höheren Hirnareale entsteht. Nicht alle Areale werden aktiviert, es wird vielmehr ein natürlicher Prozeß der Vervollkommnung in Gang gesetzt. Dadurch behalten Sie auch die Kontrolle über diesen evolutionären Prozeß.

Neue Strukturen bilden

Auch an mehr Energie, mehr Power, wie wir heute sagen, müssen wir uns erst gewöhnen. Meine Erfahrungen als Mentaltrainer vieler Spitzensportler und Künstler zeigten mir in meiner praktischen Arbeit mit Biofeedbackgeräten, daß der Mensch Veränderungen – auch wenn sie sich schnell vollziehen – nicht mit aller Konsequenz wahrnimmt. Obwohl Sportler sicher oft sensibler auf ihre körperlichen und geistigen Wahrnehmungen achten als der Durchschnittsmensch, war es für mich immer wieder überraschend, wie lange es oft dauern kann, bis der einzelne zum erstenmal eine stärkere Aktivierung, also mehr Power im Gehirn, wahrnimmt. Immer war diese Wahrnehmung mit einem Lernprozeß verbunden.
Heute weiß ich, daß mehr Energie im Gehirn eine Veränderung des Nervensystems bewirkt. Diese Veränderung dauert oft Tage und Wochen, in seltenen Fällen zwei bis drei Monate. Denn mehr Energie bringt erst dann eine spürbare Wirkung, wenn dadurch schlafende Zellstrukturen im Gehirn aktiviert wurden.

Das heißt, wir nehmen das „Mehr“ an Energie zumeist erst dann total wahr, wenn diese Energie auch arbeitet. Dann fühlen wir uns nicht nur gestärkt und wach, sondern wir erleben uns neu, überschreiten Grenzen und erlangen neue Fähigkeiten. Mehr Kreativität und eine ganzheitliche Sicht der Dinge entsteht; aber auch das Gefühl von Stärke und von innerer Harmonie erfüllt uns. Depressionen und Ängste weichen dem Gefühl von Kraft und Lebensfreude. Neue Denkstrukturen bilden sich, und so kommt es dann endgültig zu einer neuen psychischen Wahrnehmung unseres eigenen Selbst.

Das PCE-Training

Das Übungsprogramm des PCE-Trainings zielt auf die Verbesserung Ihres Denk- und Erinnerungsvermögens, es fördert die Intuition, verbessert Ihre Leistungen, wirkt sich positiv auf Ihre Kommunikationsfähigkeit aus. Nicht zuletzt fördern die Übungen Ihre Regenerationsfähigkeit und stärken Ihre Selbstheilungskräfte. Ein verjüngender Effekt ergibt sich zwangsweise bei regelmäßigem Training der Übungen in der angeführten Reihenfolge.

Die ersten sechs Übungen des Trainings, auch Runen-Übungen genannt, sind den Runenexerzitien der alten Germanen nachempfunden. Schon in der Edda war von der Runenweisheit die Rede, die entweder durch das gesprochene Wort oder durch bestimmte Fingerstellungen oder Körperpositionen zu erlangen ist.

Die Runen-Übungen, die wir der Einfachheit halber mit lateinischen Buchstaben bezeichnet haben, bringen die natürliche, immer vorhandene Lebensenergie zum ungehinderten Fließen. Sie bauen muskuläre Spannungen ab und aktivieren die Funktion Ihrer Drüsen, verhelfen Ihnen zu Harmonie und Gleichgewicht. Die ständig fließende Lebensenergie wird kanalisiert und aktiviert. Diese Übungen sind auch für ältere Menschen geeignet, sie können keine gesundheitlichen Nebenwirkungen auslösen.

Meßtechnisch konnten die Übungen durch die Lebensenergiemessung, das psychogene Hirnfeld sowie durch EMG-(Elektromyogramm-)Messungen (an den betroffenen Muskelpartien) auf ihre Wirksamkeit überprüft werden. Die Ergebnisse waren im Vergleich zu anderen getesteten Übungsprogrammen verblüffend. Anfänger, die bei den Teststudien einmal Übungen anderer Energieriten und am nächsten Tag die sechs Runen-Übungen durchführten, zeigten dabei wesentlich bessere Werte.

Die siebente Übung, die Power-Übung, aktiviert Ihr inneres „Kraftwerk“, Ihren „Lebensenergie-Generator“. Wir entwickelten sie im Zuge unserer Untersuchungen über die Sexualität und den Orgasmus. Durch das richtige Anspannen des PC-Muskels kann, wie gesagt, vermehrt Lebensenergie über das Rückenmark, die Nerven und über das Gewebe in Ihr Gehirn sowie in sämtliche Körperzellen strömen. Die durch die Runen-Übungen leitfähig gemachten körperlichen Strukturen lassen diese zusätzliche En… kreisen. Es kommt zur meßbaren Aufladung des C… Wirkungen. Diese Power-Übung ist die einzige r… energetische Niveau eines Menschen schnell und… Bevor Sie mit den Übungen beginnen, suchen … Himmelsrichtung Westen. Markieren Sie diese Ri… Übungen des PCE-Trainings so durchführen, daß S… en. Mittels bioelektrischer Messungen und Poten… punkturpunkten haben wir nämlich festgestellt, d… die energetisch beste Position zur Absolvierung de… gegeben ist. Die gemessenen Körperwerte zeigten, daß im Vergleich zu anderen Positionen eine deutliche (30prozentige) Steigerung der inneren Aktivität stattfand.

Die Runen-Übungen

Übung 1: U-POSITION

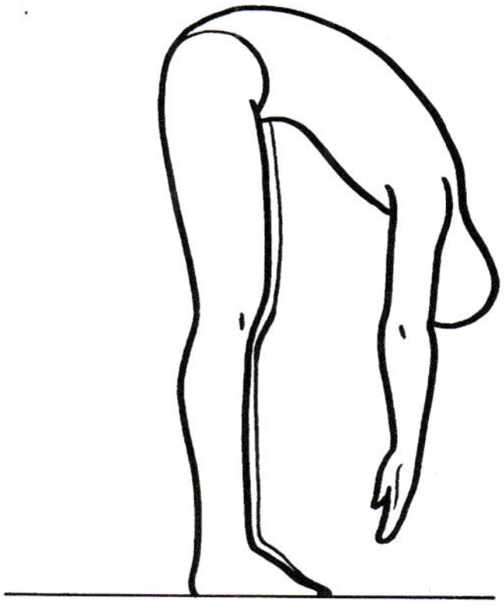
Abbildung 3: U-Position

Diese Beugeübung gibt es in vielen Systemen, etwa im Yoga oder in den Runenexerzitien, wo sie zur Anregung des Kopf-Nerven-Zentrums diente.

Ausgangshaltung

Stellen Sie sich mit Blickrichtung Westen so hin, daß die Füße parallel zueinander (in einem Abstand von etwa 30–45 cm) stehen. Die Knie sollten bei dieser Übung leicht gebeugt sein, denn Beu-

rchgestreckten Knien können zu Verletzungen führen. Heben Sie nun sam über den Kopf.

rung
en Sie jetzt so tief wie möglich ein und langsam wieder aus. Beugen Sie während des Ausatmens Kopf und Oberkörper so weit wie möglich nach vorne und nach unten (Rumpfbeuge). Lassen Sie dabei den Kopf locker nach unten hängen. Arme und Fingerspitzen sollen zur Erde weisen (siehe Abbildung 3). Verlagern Sie langsam Ihr Gewicht immer mehr in Richtung Ihrer Hände. Bleiben Sie in dieser Position 10 langsame Atemzüge lang, und steigern Sie sich täglich um 1 Atemzug, bis Sie die ideale Übungsdauer von 30 Atemzügen erreicht haben.

Wenn Sie aus gesundheitlichen Gründen nicht in der Lage sind, die U-Übung im Stehen durchzuführen, sollten Sie die Übung wie folgt im Sitzen ausführen. In diesem Falle setzen Sie sich mit gerader Wirbelsäule auf einen Stuhl. Heben Sie die Arme über den Kopf, atmen Sie ruhig und so tief wie möglich ein, und beugen Sie während des Ausatmens den Oberkörper so weit wie möglich nach vorne. Lassen Sie die Arme links und rechts der Beine zum Boden hängen. Atmen und steigern Sie die Übung wie oben beschrieben.

Übung 2: I-POSITION

Die I-Übung diente den Germanen zur Steigerung der geistigen und körperlichen Widerstandskraft. Gerade diese Übung, die auch als Energieübung bekannt war, stellte sich bei unseren Messungen als hochwirksame Entspannungsübung der Hauptstörfelder und Muskelverspannungen heraus.

Ausgangshaltung
Stellen oder setzen Sie sich mit Blickrichtung Westen.

Ausführung
Heben Sie langsam die Arme über den Kopf. Ihre Handflächen sind einander zugewandt, in einem Abstand von

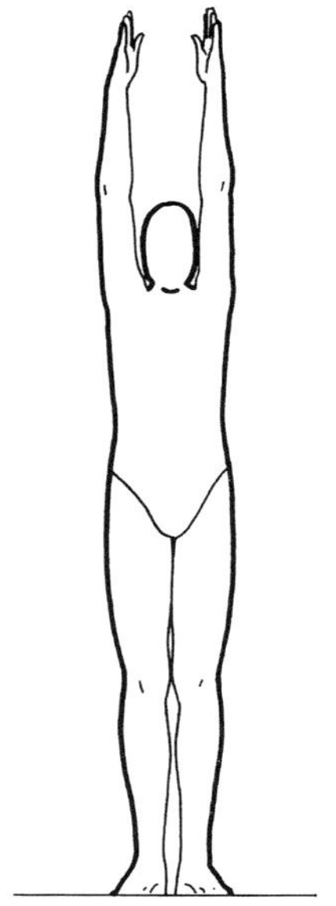

Abbildung 4: I-Position

ca. 20 cm (siehe Abbildung 4). Atmen Sie tief, ruhig und gleichmäßig ein und aus. Bleiben Sie in dieser Position am Anfang 10 langsame Atemzüge lang, und steigern Sie dies um täglich 1 Atemzug, bis Sie die ideale Übungsdauer von 30 Atemzügen erreicht haben.

Übung 3: Y-POSITION

Die Y-Übung kommt wie die I-Übung aus den Runenexerzitien. Sie diente in der Vorzeit zur Transmutation der Sexualkraft und zur Erschließung der hohen Sphären und feinstofflichen Welten.

Ausgangshaltung
Die Ausführungshaltung von Übung 2 ist die Ausgangshaltung von Übung 3, gehen Sie, ohne abzusetzen, von Übung 2 zu Übung 3 über.

Ausführung
Lassen Sie beide Arme langsam links und rechts so weit absinken, daß Ihre Körperhaltung wie ein Y aussieht. Ihre Handteller sind flach und weisen nach oben (siehe Abbildung 5). Auch bei dieser Übung achten Sie besonders auf einen entspannten, ruhigen Atem. Bleiben Sie in dieser Position am Anfang 10 langsame Atemzüge lang, und steigern Sie dies um täglich 1 Atemzug, bis Sie die ideale Übungsdauer von 30 Atemzügen erreicht haben.

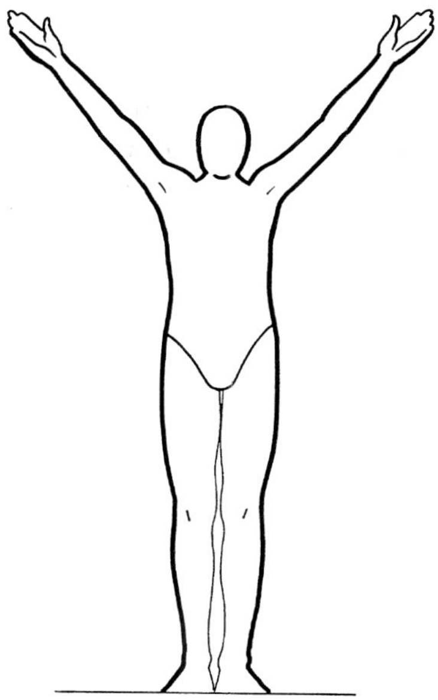

Abbildung 5: Y-Position

Übung 4: F-POSITION

Die Zeigeposition kommt aus dem (Hata-)Yoga und ist auch in den Runenexerzitien zu finden, wo sie zum Wachstum der geistigen Kräfte verhalf. Sie löst Blockaden und Energiestaus.

Ausgangshaltung

Aus der Ausführungshaltung der Übung 3 (Y-Position) gehen Sie ohne Absetzen in die Übung 4 über.

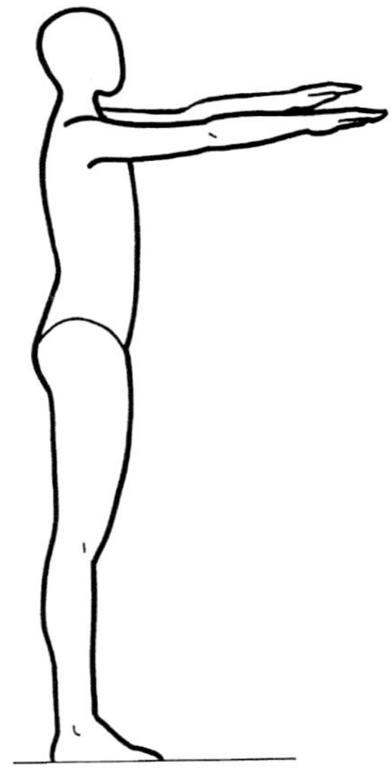

Abbildung 6: F-Position

Ausführung

Senken Sie gleichzeitig beide Arme gestreckt nach vorne. Die linke Hand soll dabei ca. 10 cm höher sein als die rechte. Mit den Fingern formen Sie eine Figur, die wie folgt entsteht: Legen Sie Daumen und Mittelfinger (nicht Zeigefinger) mit den Fingerkuppen leicht aneinander, gerade so weit, daß sie sich berühren. Die übrigen Finger zeigen ausgestreckt nach vorne, in Richtung Westen (siehe Abbildung 7).

Nun halten Sie diese Position wieder 10 Atemzüge lang bei und steigern später auf 30 Atemzüge.

(Achten Sie bei dieser Übung darauf, daß Sie mit Ihren Fingern nicht auf eine Person zeigen.)

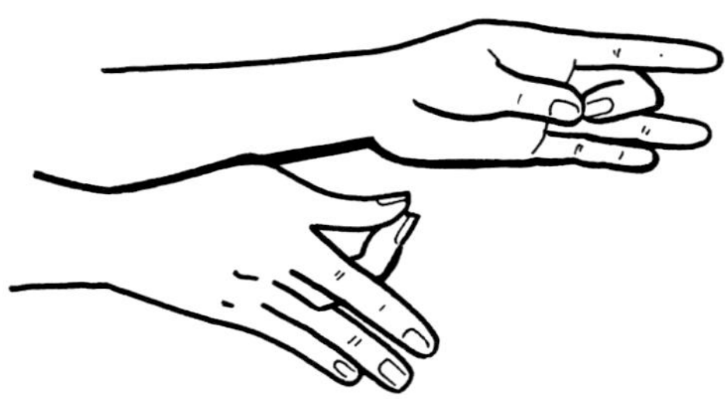

Abbildung 7: Hand- und Fingerstellung bei Position F

Übung 5: T-POSITION

Diese Übung kommt aus den Runenexerzitien und wurde vor allem zum Ansprechen der kosmischen Wellen im Drüsensystem und Solarplexus verwendet. Gerade diese Übung bringt eine starke Entspannung der Muskeln mit sich.

Ausgangshaltung
Aus der Haltung der Übung 4 (F-Position) gehen Sie ohne Absetzen in die Übung 5 über.

Ausführung
Bilden Sie mit Ihren Armen eine einem T ähnliche Position, wobei Sie beide Arme seitlich schräg abwärts halten sollten (siehe Abbildung 8). Die Handflächen weisen zum Boden. Bleiben Sie in dieser Position am Anfang 10 langsame Atemzüge lang, und steigern Sie dies um täglich 1 Atemzug, bis Sie die ideale Übungsdauer von 30 Atemzügen erreicht haben.

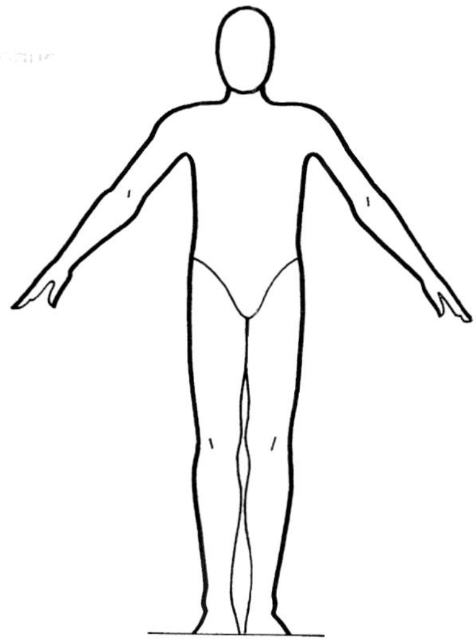

Abbildung 8: T-Position

Übung 6: W-POSITION

Diese Übung ist mir persönlich aus der Sportart Taekwondo (eine karateähnliche Technik) als stark entspannende Übung für Schulter- und Halsbereich bekannt, die Ausgangshaltung ist aber auch in den Runenexerzitien zu finden. Sie fördert den Energiefluß und hilft, die Atmung zu harmonisieren.

Ausgangshaltung
Führen Sie die Hände in Gesichtshöhe vor Ihren Körper, so daß beide Handkanten nach vorne zeigen. Halten Sie Ihre Hände wie ein Karatekämpfer gerade, die Daumen angelegt. Die Handflächen sind einander in einer Entfernung von 35–40 cm zugewandt (siehe Abbildung 9).

Abbildung 9: W-Position

Ausführung

Bei kräftigem Ausatmen durch die Nase bewegen Sie stoßartig den rechten Arm und die rechte Handkante zur Seite, so daß Ihr Arm waagrecht ausgestreckt ist (siehe Abbildung 10). Parallel zu einem ebenfalls kräftigen, schnellen Einatmen durch die Nase führen Sie den Arm zurück in die Ausgangsposition. Der gleiche Bewegungs- und Atemablauf wird nun mit dem linken Arm und der linken Hand durchgeführt. Jede Bewegung sollte 10mal ausgeführt werden. Diese Übung kann bis auf 15mal je Arm erhöht werden.

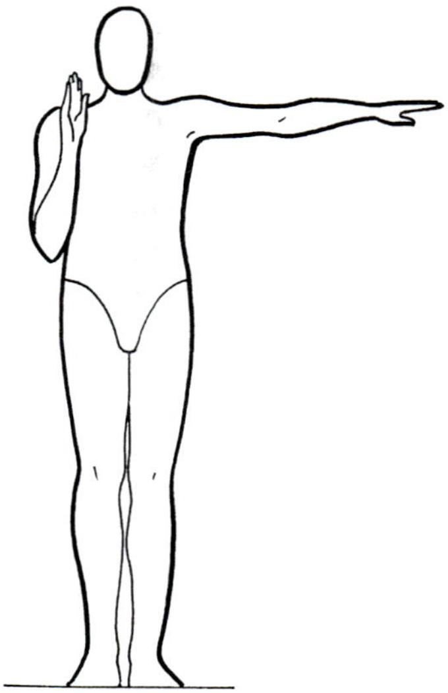

Abbildung 10: W-Position

Nun ist der erste Teil des Trainings abgeschlossen. Lassen Sie Ihre Hände ruhig herabsinken. Atmen Sie einige Male ruhig und gleichmäßig ein und aus. Entspannen Sie sich bewußt, lockern Sie alle Muskeln, und lassen Sie die Arme hängen. Bevor Sie die Übung 7, die Power-Übung, in Angriff nehmen, sollten Sie einiges über den PC-Muskel erfahren.

Der PC-Muskel

Die Lage des PC-Muskels ersehen Sie aus den Abbildungen 11 und 12. Er verläuft, vereinfacht gesagt, vom Schambein zum Steißbein, stützt den Anus und die angrenzenden inneren Organe und sorgt dafür, daß diese nicht absinken. Er liegt zwei bis drei Zentimeter unter der Hautoberfläche. Der Muskel wird größtenteils vom sogenannten Pudendusnerv gesteuert, der die Aktivität der Geschlechtsorgane und des Anus registriert, Signale an das Gehirn sendet und wieder zurückleitet.

Vom PC-Muskel reicht eine Nervenverbindung zum Beckennerv. Eine Abzweigung des Beckennervs verbindet bei der Frau den Uterus und die Blase – beim Mann Blase und Prostata – mit dem unteren Teil der Wirbelsäule. Ist

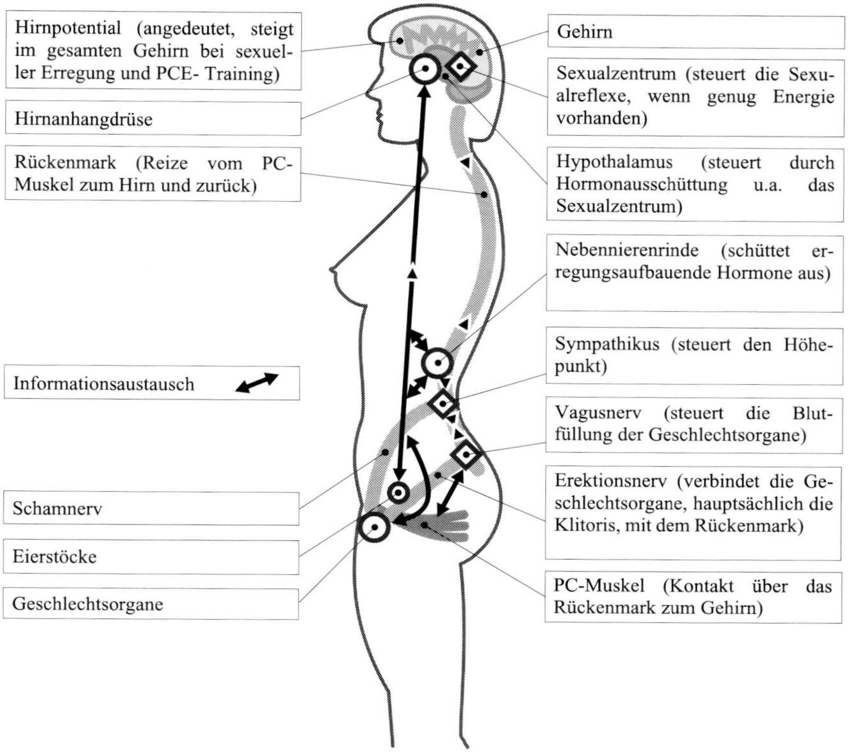

Abbildung 11: Der Informationsaustausch zwischen PC-Muskel und Gehirn bei der Frau

der PC-Muskel stark, ist er der größte Energiespender, ein wahres Kraftwerk des Menschen. Das Anspannen des PC-Muskels stimuliert beim Mann aber auch die Prostata und bei der Frau den Uterus. Auf diese Weise werden Hormone und Endorphine (körpereigene Glücksstoffe) freigesetzt, die eine seelische Hochstimmung auslösen. Der PC-Muskel kann, wie fast alle anderen Muskeln des Körpers, durch entsprechende Übungen gekräftigt werden.
Wird der PC-Muskel nicht durch regelmäßigen Sex oder gezieltes Training in Anspruch genommen, wird er ständig schwächer, er atrophiert, sagen die Mediziner.
Wenn jemand daher lange ohne Partner und sexuell inaktiv ist, kann es vorkommen, daß der PC-Muskel zuerst einmal reaktiviert werden muß. Hier hilft

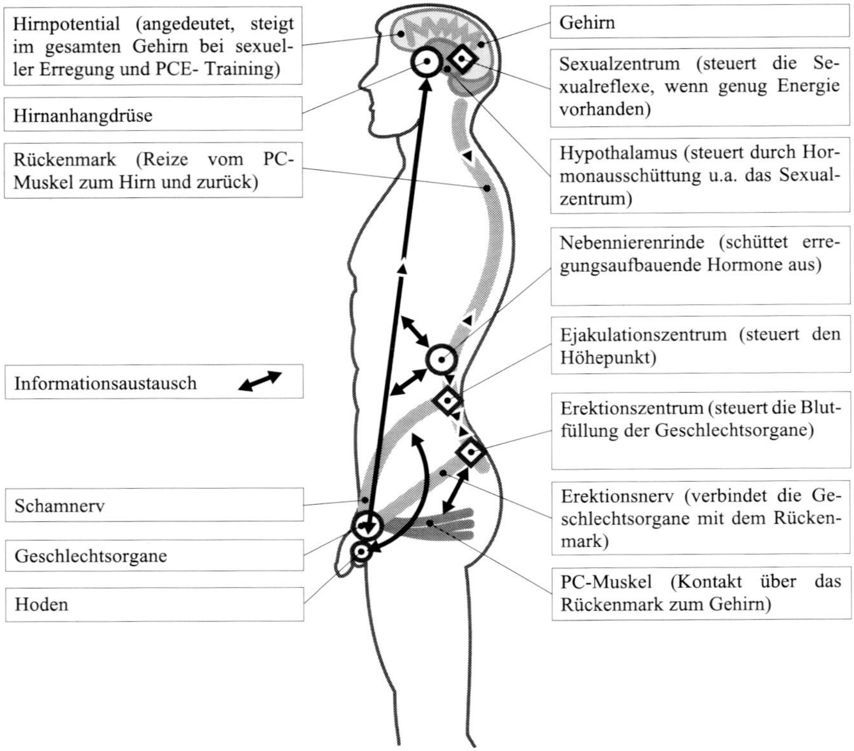

Abbildung 12: Der Informationsaustausch zwischen PC-Muskel und Gehirn beim Mann

das PC-Muskel-Training. Ebenso konnten wir eine Schwächung des PC-Muskels bei schlechter Körperhaltung erkennen, z. B. bei ständig vorgeschobenem Becken im Stehen, Gehen und Sitzen (siehe „So fließt die Energie besser", Seite 46). Durch eine solche Haltung wird der PC-Muskel nämlich von einer guten Durchblutung und Energieversorgung abgeschnitten. Auch nach einer Geburt haben viele Frauen Schwierigkeiten mit einem schwachen PC-Muskel, wodurch es dann nicht nur zu sexuellen Problemen kommt, sondern auch zu Depressionen und ständiger Müdigkeit. Doch das alles ist kein Grund, sich zu ängstigen. Das sexuelle Verlangen und die mentale Power kommen mit der allgemeinen Kräftigung des PC-Muskels wieder zurück.

Wir haben gesehen, daß die Sexualität, bzw. die Sexualenergie oder Lebensenergie, die Kraft ist, die unser Leben weitestgehend mitgestaltet. Der PC-

Muskel, als einer unserer wirksamsten Kraftquellen im Körper, ist beteiligt am höchsten Schöpfungsakt, zu dem Menschen fähig sind. Die Energie, die Leben erschafft, ist auch die Energie, die das Leben erhält.
Diese Energie zu nutzen ermöglicht das PCE-Training. Vergessen Sie nicht: Diese Energie kommt aus unserem Beckenbereich und ist mit unserer Sexualität aufs engste verbunden, sie kommt also eigentlich aus einer Tabuzone. Andere Kulturen und Religionen sehen das anders. Wie gesagt, sieht die indische Yoga-Lehre die Sexualenergie immer schon als die für sie heilige Lebensenergie (Kundalini) an, die, einmal erweckt, über das Rückenmark aufsteigend unser Gehirn erreicht. Sexualität ist für die Yogis auch immer mit dem Gedanken an diese Energie verbunden. Ihre Systeme des Tantra und des Kundalini-Yoga sind heute noch Zeugen des jahrhundertealten Wissens.

Der PC-Muskel-Test

Sie können zuerst versuchen, den PC-Muskel zu finden (zu lokalisieren). Dies geht am einfachsten, wenn Sie sich in einem ruhigen Augenblick entkleidet auf den Rücken legen, einen kleinen Spiegel zur Hand nehmen und damit zwischen Ihre Beine schauen. Wenn Sie die Anspannung des PC-Muskels beherrschen und er auch kräftig genug ist, müßten Sie den Damm (der Bereich zwischen Anus und Genitalien) willentlich einziehen und heraustreten lassen können, wenn Sie den PC-Muskel an- und entspannen.
Achten Sie dabei darauf, daß Sie Ihren Bauch, Ihr Gesäß und die Oberschenkelmuskulatur nicht gleichzeitig mitbewegen oder anspannen. Tun Sie das trotzdem, so ist das ein Zeichen, daß Sie Ihren PC-Muskel noch nicht gesondert aktivieren können. Sie müssen zuerst lernen, den PC-Muskel isoliert von allen anderen Muskeln zu steuern.
Die wohl bekannteste Methode, den PC-Muskel zu testen, ist zu versuchen, den Urinfluß in der Anfangsphase zu unterbrechen. Wenn Sie einen guten PC-Muskel haben und diesen auch willentlich beherrschen können, so sind Sie jederzeit in der Lage, den Urinfluß zu stoppen. Sollten Sie nicht in der Lage sein, den PC-Muskel richtig zu kontrollieren, so ist dies kein Grund zu verzweifeln. Das im folgenden beschriebene Training des PC-Muskels wird bei konsequentem Üben schon nach wenigen Wochen erfolgreich sein. Auch wenn Sie einen guten PC-Muskel haben, kann ein Training eine Vermehrung

der inneren Energie, eine Steigerung des sexuellen Empfindens und beim Mann eine Steigerung der sexuellen Potenz mit sich bringen. Da der PC-Muskel den Geschlechtsverkehr und auch die Erektion maßgeblich mitsteuert, erlangt der Mann durch konsequentes PCE-Training die Fähigkeit, den Geschlechtsakt beliebig lang auszudehnen.

Testfragen an die Frau

- Verlieren Sie unter besonderer Belastung oder Beanspruchung (z. B. bei Streß, bei sportlicher Tätigkeit, beim Husten ...) ein wenig Urin?
- Hatten Sie je Schwierigkeiten, zum Orgasmus zu kommen?
- Leiden Sie unter Rückenschmerzen, haben Sie häufig Entzündungen im Vaginal- oder Harnbereich, Schmerzen beim Geschlechtsverkehr? Empfinden Sie in der Vagina überhaupt nichts oder nur noch wenig?
- Haben Sie vor oder während der Menstruation starke Bauchkrämpfe?
- Hatten Sie nach einer Geburt mehr als zwei bis drei Monate Probleme mit Ihrem Sexualempfinden und Ihrer Orgasmusfähigkeit?
- Haben Sie Probleme mit der Haftung eines Tampons an der richtigen Stelle?

Alle diese Probleme lassen auf einen zu schwachen PC-Muskel schließen, den Sie aber mit dem Aufbautraining (siehe Seite 38) stärken können.

Tests für den Mann

Ein Mann mit einem gesunden PC-Muskel sollte in der Lage sein, ein kleines Handtuch (z. B. Gästehandtuch), das über seinem eregierten Penis hängt, durch reine PC-Muskelkontraktion willentlich mindestens einen Zentimeter zu heben. Wenn das Handtuch abrutscht, können Sie es am Anfang mit einem leichteren Taschentuch versuchen.
Der Fingertest stammt aus dem Tao-System der altchinesischen Philosophie und gibt Auskunft über den Erektionswinkel mit zunehmendem Alter.

Aufgrund wissenschaftlicher Untersuchungen weiß man, daß sich beim Mann der Erektionswinkel mit dem Alter ändert. Folglich, so sagen die Taoisten, läßt sich durch die Messung des Erektionswinkels auch das biologische Alter

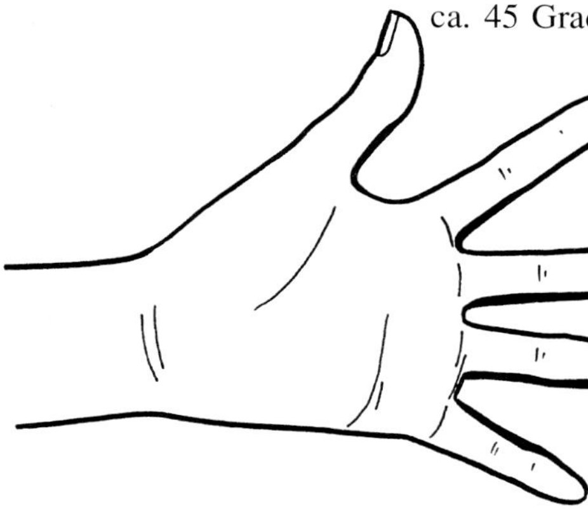

Abbildung 13: Der Fingertest aus dem Tao

und der Gesundheitszustand eines Mannes ablesen. Beim gesunden Jugendlichen nimmt der erigierte Penis einen Winkel von ca. 45 Grad zum Rumpf ein, dies entspricht der Stellung des Daumens.

Bei einem gesunden 20jährigen Mann sollte der Erektionswinkel 60 Grad, beim 30jährigen Mann 90 Grad, beim 40jährigen Mann 105 Grad und beim 50jährigen Mann 135 Grad zum Rumpf entsprechen.

Mit diesem Test können Sie also auf sehr einfache Weise Ihr biologisches Alter bzw. den Zustand Ihres PC-Muskels feststellen, wobei das biologische Alter nicht immer dem tatsächlichen Alter entspricht.

Ein Mann, der seinen PC-Muskel trainiert und stärkt, erreicht nicht nur eine Gradverbesserung im Erektionswinkel, sondern es stehen ihm auch wesentlich mehr Power und Energie zur Verfügung.

So zum Beispiel kann ein 50jähriger Mann mit einem anfänglichen Erektionswinkel von 135 Grad nach einigen Wochen eine Steigerung auf einen Erektionswinkel von 100 Grad verzeichnen, da die Stärke des PC-Muskels für diesen Winkel maßgeblich ist. Viele Probleme des Mannes hängen mit einem schwach gewordenen PC-Muskel und der daraus resultierenden Erektionsschwäche zusammen und nicht mit einem psychischen Problem.

Ist der PC-Muskel schwach, fühlen Sie sich schwach, und so ist auch die Erektion. Nehmen Ihre sexuellen Wahrnehmungszentren im Gehirn die durch das PCE-Training und den gestärkten PC-Muskel (und durch sexuelle Aktivität) ständig fließenden Energien wahr, glauben die inneren Schrittmacher, daß Sie mitten im Leben stehen (nur junge gesunde Menschen sind für gewöhnlich sexuell sehr aktiv). Ihr Körper-Hirn-System wird Sie dann jung erhalten oder verjüngen. Der Organismus ist nämlich so aufgebaut, daß nur dann große Energien zur Verfügung gestellt werden, wenn der Mensch noch sexuell aktiv, also „scheinbar" fortpflanzungsfähig ist. Wenn dies „scheinbar" (das weder beim Mann noch bei der Frau mit tatsächlicher Fortpflanzungsfähigkeit zu tun hat) nicht mehr der Fall ist, so werden die Energien immer weiter bis auf das Mindestmaß reduziert.

Aufbauübung für den PC-Muskel

Abbildung 14: Fersensitz

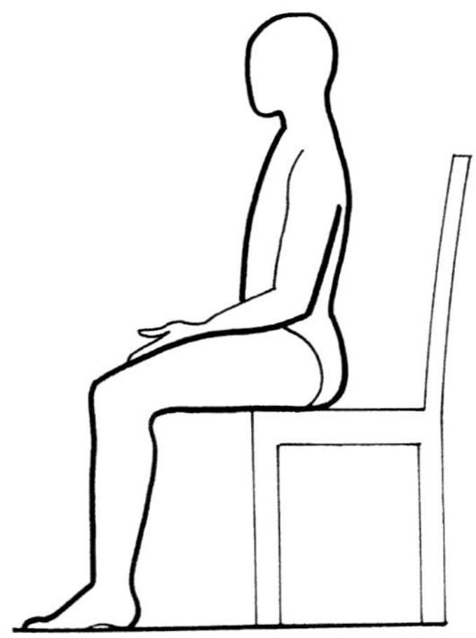

Abbildung 15: Richtiges Sitzen auf einem Stuhl

Ausgangshaltung

Zu dieser Übung setzen Sie sich auf ein Kissen oder einen Stuhl oder sitzen im Fersensitz (siehe Abbildungen 14 und 15). Achten Sie darauf, daß Ihre Wirbelsäule absolut gerade ist, und nehmen Sie weitestgehend die Spannungen aus Rücken, Schultern, Nacken, Armen, Hals und Kopf. Beugen Sie den Kopf leicht nach vorne. Schließen Sie die Augen.

Ausführung

Spannen Sie den PC-Muskel 3 Sekunden lang an. Das geschieht, indem Sie die Schließmuskeln rund um den After zusammenziehen. Wenn Sie das richtig machen, entsteht

dabei ein Gefühl, als würde sich der ganze Beckenbodenbereich nach oben ziehen. Atmen Sie dabei gleichzeitig langsam und ruhig ein. Wenn Ihnen 3 Sekunden am Anfang zu lang erscheinen – da Ihr PC-Muskel zu schwach ist –, beginnen Sie mit 1 oder 2 Sekunden. Während Sie ausatmen, lösen Sie die Muskelspannung komplett.
Machen Sie das anfangs 10mal hintereinander, so lange Sie können, jedoch zu Beginn nicht länger als 10 Minuten. Nehmen Kraft und Ausdauer zu (nach ca. einer Woche), steigern Sie die Anhalteperiode, also das Anspannen des Muskels, so lange, wie Sie brauchen, um im Geist von 1 bis 10 zu zählen. Dann entspannen Sie ebenso lange, wie Sie angespannt haben. Vergessen Sie die Entspannungsphase nicht, und entspannen Sie dabei bewußt den PC-Muskel. Das ist genauso wichtig wie das Anspannen. Also: Anspannen, von 1 bis 10 zählen, dann genauso lange entspannen; wiederholen Sie diesen Vorgang immer wieder 5 Minuten lang.
Nach diesen 5 Minuten legen Sie eine Pause von 1 Minute ein. Danach versuchen Sie, den Muskel schnell 10mal hintereinander anzuspannen und zu entspannen. Zuerst können Sie vielleicht gar nicht sicher sagen, ob der PC-Muskel gerade angespannt oder entspannt ist, doch mit etwas Übung wird das einfacher, und Ihr Körperbewußtsein erfaßt auch die Tätigkeit des PC-Muskels.
Wiederholen Sie wieder den ersten Teil der Übung: 10mal anspannen, dabei von 1 bis 10 zählen, und wirklich jedesmal dazwischen richtig entspannen. Übungsdauer 5 Minuten, danach 1 Minute Pause. Darauf folgen wieder 10 schnelle Kontraktionen. Jetzt noch ein letztes Mal den ganzen Durchgang! Lassen Sie sich nicht entmutigen, falls Ihnen zu Beginn das beschriebene Programm nicht ganz gelingen sollte. Mit jedem Übungstag wird Ihre Ausdauer besser und der Muskel immer kräftiger. Manche Männer verspüren ein leichtes Ziehen im Beckenbereich. Das ist normal und bedeutet nur, daß der PC-Muskel reagiert.

Nach einigem Üben sollten Sie sich darauf konzentrieren, ob sie ein Kribbeln oder ein leichtes Ziehen in der Wirbelsäule und vor allen Dingen im Stirnbereich zwischen den Augen verspüren. Das Gefühl könnte auch einem leichten elektrischen Schlag ähnlich sein. Wenn Sie während der Übung die Energie aufsteigen fühlen (bis in den Kopf), bedeutet dies, daß alle sieben Drüsenzentren (die Hindus nennen sie Chakren) frei von Blockaden sind. Wenn Sie während der Übungen nichts fühlen, muß irgendwo eine Blockade vorhanden sein. Die Runen-Übungen des PCE-Trainings werden Ihnen helfen, diese Blockaden schon bald abzubauen.
Üben Sie mindestens eine Woche lang zweimal täglich 15 Minuten. Erhoffen

Sie sich davon noch keine Wunder, zumeist braucht der PC-Muskel einige Zeit zur Straffung und Wiederherstellung.
Beim Üben vergessen Sie bitte nicht, die Anspannungen des PC-Muskels *ohne* gleichzeitiges Anspannen von Gesäß-, Oberschenkel-, und Bauchmuskulatur durchzuführen. *Nur* der Beckenbodenmuskel darf angespannt werden. Nach einer Woche etwa, aber spätestens nach zwei bis drei Wochen, sollten Sie bei den Übungen schon so geschickt sein, daß pro Tag 300 Kontraktionen leicht möglich sind.
Bedenken Sie, daß es, wie bei jedem Trainingsprogramm, auch beim PC-Muskeltraining besser ist, langsam zu beginnen und erst allmählich die Intensität zu steigern. Dadurch vermeiden Sie einen Muskelkater. Geschieht dies doch, so lassen Sie die Übungen für ein, zwei Tage ausfallen. Nach dieser Pause, in der sich der Muskel erholen kann, nehmen Sie die Übungen wieder auf. 300 Kontraktionen pro Tag, davon 100 auf einmal, sind erstrebenswert. Anschließend genügt es, wenn Sie Kontraktionsübungen durchführen, wann immer Sie daran denken und wenn Sie Ihre täglichen PCE-Übungen ausführen. Hilfreich ist es, diese Grundübung immer während einer bestimmten Tätigkeit durchzuführen, die nicht Ihre ständige Aufmerksamkeit erfordert (z. B. bei der Büroarbeit). Auch das Mitzählen ist dann nicht mehr notwendig. Regelmäßiges PCE-Training müßte Ihren PC-Muskel dann in einem guten Zustand erhalten. Doch üben Sie immer wieder zwischendurch, es kann Ihrem Gesundheitszustand und Ihrer Sexualkraft nur zugute kommen.
Halten Sie sich anfangs am besten an den Trainingsplan (siehe Seite 70).
Nachdem Sie Ihren PC-Muskel durch die Aufbauübung gestärkt haben, können Sie die Power-Übung in Ihr PCE-Training aufnehmen.

Die Power-Übung

Übung 7: TEIL I: Langsame Power-Übung

Ausgangshaltung

Richten Sie Ihre Wirbelsäule so aus, wie Sie es bei der PC-Muskel-Aufbauübung gelernt haben (siehe Seite 38). Achten Sie darauf, daß die Haltung stimmt, denn sie ermöglicht den ungehinderten Energiefluß.

Ausführung

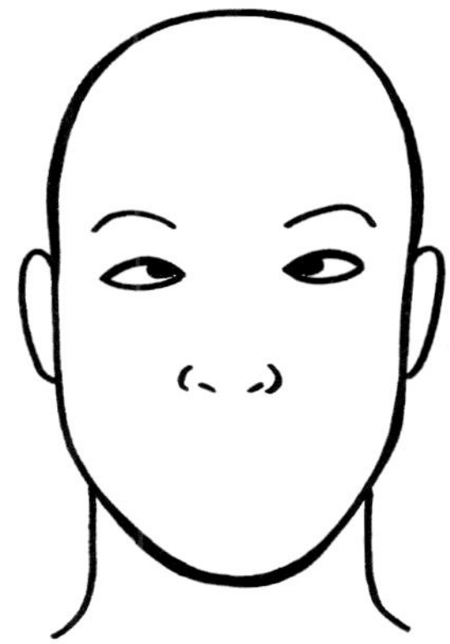

Abbildung 16: Die Stellung der Augen während des Übens

Schließen Sie Ihre Augen, und drehen Sie diese unter den geschlossenen Augenlidern in Richtung Nasenwurzel (siehe Abbildung 16). Achten Sie darauf, daß dies ohne Spannung der Augen oder der Stirn geschieht. Legen Sie nun Ihre Zunge ohne Druck auf den Gaumen. Diese Haltung sollten Sie während der gesamten Übung 7 beibehalten. Gleiten während des Übens die Augen von der Nasenwurzel ab, oder löst sich die Zunge vom Gaumen, so sollte Sie das nicht weiter beunruhigen (mit jeder Übung wird es Ihnen leichter gelingen). Korrigieren Sie in aller Ruhe Ihre Position neu.

Nun spannen Sie wie bei der Aufbauübung Ihren Beckenbodenmuskel an, und zählen Sie dabei langsam bis 10, während Sie die Spannung halten. Atmen Sie beim Anspannen ruhig ein. Wenn die Lunge gefüllt ist, halten Sie den Atem so lange an, bis Sie bei der Zahl 10 angelangt sind. Da Sie Ihren Muskel schon durch Aufbauübung gestärkt haben, dürfte Ihnen das keine Probleme mehr bereiten.

Bei der Zahl 10 angelangt, entspannen Sie Ihren Muskel. Achten Sie jedesmal auf die komplette Entspannung, sonst kann beim nächsten Anspannen nur wenig Energie fließen. Das Entspannen regeneriert Ihren Energiegenerator ständig neu. Zählen Sie auch beim Entspannen von 1 bis 10. Atmen Sie dabei langsam aus, und pausieren Sie mit dem Atmen, bis Sie die Zahl 10 erreicht haben. Danach spannen Sie den Muskel wieder an und atmen begleitend wie beschrieben ein.

Diese Übung sollten Sie 20- bis 30mal durchführen. Wie oft Sie den Muskel aktivieren und entspannen (ob 20- oder 30mal), hängt von der Stärke Ihres PC-Muskels ab. Je stärker der Muskel ist, um so weniger oft müssen Sie die Übung wiederholen. Je fortgeschrittener Sie sind, um so stärker ist Ihr PC-Muskel. Müssen Sie sich bei der Übung anstrengen, so machen Sie 30 Durchgänge. Fühlen Sie, daß der Muskel stark ist, machen Sie mindestens 20 Anspannungsübungen komplett durch.

Achten Sie während der Übung immer auf die richtige Atmung.

Weniger als 20 korrekt durchgeführte Übungen wären in diesem Stadium nicht sinnvoll.

TEIL II: Schnelle Power-Übung

Der zweite Teil der Power-Übung bildet den Abschluß des PCE-Trainings. Gehen Sie übergangslos von Teil I in Teil II über.

Ausgangshaltung
Wie beim ersten Teil der Übung.

Ausführung
Achten Sie auf die Stellung der Augen und die Haltung der Zunge. Nun spannen Sie Ihren PC-Muskel schnell an, und ziehen Sie auch schnell und gleichzeitig Ihre Atmung durch die Nase ein.
Das Anspannen und Einatmen sollte nicht länger als 1 bis 2 Sekunden dauern. Danach entspannen Sie sofort ohne Pause den PC-Muskel und atmen stoßartig aus.
Unmittelbar nach dem Ausatmen und Entspannen, das auch nicht länger als 1 bis 2 Sekunden dauern sollte, spannen Sie den PC-Muskel wieder an und atmen ein. Teil II der Übung 7 sollten Sie nun mindestens 30mal wiederholen, also 30mal anspannen/einatmen und 30mal entspannen/ausatmen. Öfter als insgesamt 60mal ist nicht nötig, auch nicht für Fortgeschrittene (außer Sie wollen mit der PCE-Übung meditieren – siehe dazu Kapitel PCE-Meditation).

Abschluß
Bleiben Sie mindestens eine Minute nach Abschluß aller Übungen ruhig sitzen, lösen Sie dann die Zunge von Ihrem Gaumen, führen Sie Ihre Augen wieder in die normale Stellung zurück. Öffnen Sie langsam die Augen, und atmen Sie einmal tief und fest ein und aus. Reiben Sie Ihre Handflächen aneinander, und stehen Sie langsam auf.
Die so aktivierte Energie fließt die nächsten Stunden in einem stetigen Kreislauf durch Ihr Nervensystem, belebt und verjüngt Ihre Zellen und powert Ihr Gehirn.

Während des Tages sorgen diese Übungen für Energie und Power über mindestens zwölf Stunden. Am Abend sorgen sie für Regeneration Ihres Körpers und des Gehirns. Daher sollten Sie die Übungen 1 bis 7 morgens vor Arbeitsbeginn durchführen (wenn möglich zu Hause), um Kraft für den ganzen Tag zu gewinnen; und abends als Abschluß des Tages, um nochmals den ungestörten und verstärkten Energiefluß zu gewährleisten, der für eine tiefe Regenerierung und zur Aufladung jeder einzelnen Zelle mit neuer Energie nötig

ist. Nur wenn Sie die angegebenen Übungen regelmäßig morgens und abends durchführen, kommt es zu einer dauerhaften Veränderung in Ihnen.
Bedenken Sie: Jeder Übungszyklus bringt Energie für zwölf Stunden. Sie sollten daher den Übungszeitpunkt so ansetzen, daß Sie Ihre Energien gleichmäßig über 24 Stunden aufteilen. Sollten trotzdem Energielücken entstehen, so genügt es, bei erhöhter persönlicher Beanspruchung zwischendurch den PC-Muskel 10mal anzuspannen, und ein sofortiger Energiezuwachs ist gegeben.

Der Ton der Lebensenergie

Bei Entspannung Ihres Körpers und bei gleichzeitiger Durchführung der langsamen und der schnellen Power-Übungen können Sie im Idealfall ein Geräusch im Kopf (im Bereich von 7–9 kHz) wahrnehmen. Es ist ein feiner, hoher Pfeifton, vergleichbar mit dem Zirpen von Grillen oder dem Singen von Elektromotoren im hohen Drehzahlbereich. Dieser Kopfton ist leise und anfangs oft kaum wahrnehmbar. Viele Menschen setzen diese Wahrnehmung mit dem sogenannten Tinnitus-Geräusch (Ohrensausen) gleich, obwohl es sich bei diesem Pfeifen nicht um diese Krankheit handelt. Feststellbar ist der Kopfton ungefähr in der Mitte des Kopfes in der Höhe der Ohren.
Im Zuge unserer Forschungsarbeit zu den PCE-Übungen konnten wir erkennen, daß dieser Ton nur dann vorhanden ist, wenn das Gehirn energetisch hoch aufgeladen ist. An die Bewußtseinsoberfläche tritt er aber nur durch Entspannung. Durch Anspannung des PC-Muskels kann er allerdings verstärkt werden. Die Inder nennen diesen Ton Nadabrahma, den göttlichen Ton oder das Zischen der Schlangenkraft Kundalini.

Powertip: Nützen Sie Ihren inneren Klang für ein natürliches Feedback. Bevor Sie mit den langsamen und den schnellen Power-Übungen (Anspannen und Entspannen des PC-Muskels) beginnen, versuchen Sie, den Lebensenergieton in Ihrem Kopf wahrzunehmen. Hören Sie den Ton, so ist das ein Zeichen, daß Sie weitgehend entstreßt sind und Ihr Kopf frei ist. Dann sind Sie bereit, mehr Energie aufzunehmen. Den inneren Ton hören Sie am leichtesten nach dem Aufwachen oder kurz nach dem Zubettgehen, wenn Sie in sich hineinhorchen.

Die blockierte Lebensenergie

Nichts kann die Lebensenergie eines Menschen stärker und vor allem dauerhaft so stören und ihren Fluß so blockieren wie Muskelverspannungen.
Muskelverspannungen und nervliche Anspannung beherrschen unser ganzes Leben. Jeder wie auch immer geartete Impuls, jede Veränderung unserer Lebensumstände, jede Emotion erzeugt Spannung in unserem Körper. Diese Spannungen manifestieren sich in unseren Muskeln. Diese wiederum werden von unserem Nervensystem beeinflußt und gesteuert. So dienen unsere Muskeln, im weitesten Sinne, auch als Vermittler zwischen Geist und Körper. Einerseits unterliegen sie der willentlichen Steuerung durch unsere Gedanken, andererseits drücken sie alle unsere inneren, seelischen Regungen unbewußt in Form spezifischer Zustände aus. Sie können sich anspannen oder erschlaffen, was oft instinktiv und automatisch abläuft. Bei Angst spannen sich z. B. die Muskeln im Schulterbereich, aber auch die der Stirn an, ohne daß wir es bemerken. Streß wirkt sich immer in Form von meßbaren Muskelverspannungen aus. Dauerstreß, dauernde Ängste führen zu chronischen Verspannungen. Seelische Spannungen setzen sich immer in körperlich-muskulärer Anspannung fest. Dabei unterscheiden sich die Menschen grundsätzlich in zwei Arten von Reaktionstypen:

Der Sympathikotoniker (Typ A), der linkshirnige, eher analytische Mensch, neigt unter Streß oder wenn er erschrickt zur Beschleunigung des Herzschlages, sein Blutdruck steigt, und seine Hirndurchblutung wird angeregt. Er neigt oft zu Wutausbrüchen, hektischem Tun, ist immer beschäftigt. Meistens dominiert seine linke Gehirnhälfte. Sein Herz-Kreislauf-System reagiert auf Probleme und gestörten Energiefluß am stärksten.
Durch EMG-Messungen zeigte sich, daß dieser Typ eher dazu neigt, die Rumpfmuskulatur anzuspannen. Er nimmt zumeist unwillkürlich eine betont aufrechte Haltung ein. Seine Hauptverspannungszentren und chronischen Verspannungen liegen in der Folge im Rücken, vor allem im Lendenbereich. Hierdurch kommt es auch gerade bei diesem Menschentyp zu einem mehr oder weniger schwachen

PC-Muskel, was sich im sexuellen Bereich manchmal als Desinteresse, Erektionsschwierigkeit oder als vorzeitiger Samenerguß auswirkt.
Wenn Sie eher zum sympathikotonischen Typ zählen, sollten Sie vor dem PCE-Training täglich Körperübungen zur Lockerung der Muskeln im unteren Bereich der Wirbelsäule durchführen. Fragen Sie Ihren Arzt, einen Sporttrainer oder Yogalehrer.

Der Vagotoniker (Typ B), dessen rechte Hirnhälfte dominiert, ist oft der künstlerische, kreative Typ. Er neigt dazu, unter Streß oder wenn er erschrickt seinen Herzschlag zu verlangsamen, seinen Blutdruck zu senken. Die Bronchien werden verengt (Atemprobleme, etwa Asthma, könnten die Folge sein). Die Magen- und Darmtätigkeit wird angeregt (Sodbrennen kann die Folge sein). Die Gehirndurchblutung wird herabgesetzt (Konzentrationsprobleme können auftreten, bei zu großem Streß oder Angst droht ein Ohnmachtsanfall). Die Sexualfunktion, vor allem der Orgasmus wird gehemmt. Meist dominiert seine rechte Hirnhälfte. Er sollte vor allem auf seine Magen-Darm-Funktion achten.
Bei EMG-Messungen zeigte sich, daß der Vagotoniker zu Verspannung des Nackenbereiches, des Kopfs, der Stirn, der Arme und Beine neigt. Der Vagotoniker nimmt daher instinktiv eher eine leicht vorgebeugte Haltung mit hängenden Schultern ein. Gleichzeitig hält er den Kopf fest in den Nacken gelegt. Er leidet oft unter Nacken- und Kopfschmerzen. Bei diesem Typ staut sich die Lebensenergie vor allem im Schulter- und Halsbereich. Es kommt sehr oft zu einer Unterversorgung des Gehirns (dies zeigt sich deutlich bei Hirnfeldmessungen). Lernschwierigkeiten und Konzentrationsprobleme sind das Ergebnis, ständige Müdigkeit und manchmal die Neigung zu Depressionen können die weiteren Folgeerscheinungen dieser Art von muskulärer Sperre und Panzerung sein. Auch hier wäre eine spezielle Gymnastik für das ungestörte Fließen der Lebensenergie angebracht. Wollen Sie mehr für einen guten Energiefluß tun, so befragen Sie Ihren Arzt, einen Sporttrainer oder Yogalehrer.

Die in den Runen-Übungen angegebenen Positionen bauen Muskelspannungen im unteren wie auch im oberen Körperbereich bemerkenswert gut ab. Führen Sie diese Übungen richtig durch, und verlängern Sie sie bei starken Verspannungen, das heißt, halten Sie die Stellungen nach einigem Training doppelt so lange oder noch länger, so werden erstaunlich viele Staus und Blockaden gelöst. Im Zuge des PCE-Trainings können – während des Übens – leichte Spannungen im Schulter-, Hals- und Kopfbereich auftreten. Oft entsteht auch im unteren Bereich der Wirbelsäule, im Steißbeinbereich, ein Gefühl, das am ehesten als Ziehen beschrieben werden kann. Alle diese körperlichen Phänomene sind ein Zeichen von störenden Blockaden und Muskelreaktionen, die sich im Zuge der Übungen wieder von selbst lösen.

Die zehn Gebote für mehr Energie

1. Nehmen Sie sich Zeit für jede Übungseinheit.
2. Führen Sie alle Übungen korrekt durch.
3. Üben Sie regelmäßig morgens und abends.
4. Achten Sie immer darauf, daß Ihre Wirbelsäule möglichst gerade ist. Achten Sie auch im Alltag auf einen aufrechten Gang.
5. Nehmen Sie die Übungsposition immer so ein, daß Ihr Gesicht Richtung Westen schaut (Kompaß).
6. Atmen Sie stets bei Anspannung des PC-Muskels ein und beim Entspannen aus.
7. Visualisieren Sie während der Übungen den Energiefluß.
8. Wenn Sie Verspannungen im Schulterbereich oder im unteren Bereich der Wirbelsäule verspüren, so verlängern Sie die Runen-Übungen um das Doppelte, was genügen sollte, die erhöhten Spannungen abzubauen.
9. Ernähren Sie sich natürlich, mit energiereicher Nahrung. Meiden Sie übermäßigen Alkoholgenuß, und schränken Sie das Rauchen weitestgehend ein. Meiden Sie jede Art von Rauschdrogen.
10. Bewegen Sie sich mehr als sonst, wenn möglich an frischer Luft. Schlafen Sie ausreichend.

So fließt die Energie besser

Die Beckenfreiübung

Viele Menschen haben das Problem, daß sie nicht mehr in der Lage sind, ihr Becken frei schwingen zu lassen, ohne dabei andere Teile des Rumpfes unterstützend mit zu benutzen. Dies zeugt zumeist von starken Muskelverspan-

nungen im Beckenbereich. Die Partien des Unterleibes, vor allem die Geschlechtsorgane, werden bei einer Fehlstellung des Beckenbereiches schlechter durchblutet, was die Reaktionsfähigkeit des PC-Muskels stark beeinträchtigen kann. Bei einer Verspannung im Beckenbereich werden große Mengen von Lebensenergie gestaut, was zwangsweise zu einer Unterversorgung im oberen Körperbereich führt. Nicht genug Energie gelangt zum Gehirn. Es fehlt an Power, da die Energie schon dort, wo sie entsteht, blockiert wird.
Hinweis: Frauen in der Schwangerschaft neigen dazu, ihr Becken zu verschieben. Diese Angewohnheit bleibt oft auch noch nach der Geburt des Kindes bestehen, was zu einer Verschlechterung des Energieflusses und einer damit verbundenen Einschränkung der sexuellen Empfindung führen kann. Wir konnten darüber hinaus bei vielen Betroffenen erkennen, daß bei einer lange anhaltenden Beckenfehlstellung der PC-Muskel stark geschwächt und teilweise reaktionsunfähig wurde.
Wenn Sie Probleme mit dem PC-Muskel haben oder damit, Ihre Energien fließen zu lassen, können Sie mit der folgenden Übung Blockaden im Bekkenbereich lösen.

Ausgangshaltung

Stellen Sie sich mit leicht gebeugten Knien gerade vor einen großen Spiegel. Halten Sie den Oberkörper gerade, die Beine in einer leichten Grätsche, und bleiben Sie weich in den Knien. Stützen Sie beide Hände etwas oberhalb der Hüften auf.

Ausführung

Versuchen Sie nun, Ihr Becken frei schwingen zu lassen, das heißt, kippen Sie Ihr Becken nach vor und zurück, ohne den Oberkörper dabei mit zu bewegen, halten Sie vor allem auch die Beine und Knie still. Wenn das Becken in der vorderen Stellung (zum Spiegel) hochgekippt ist, sollte eine Spannung in der Bauchmuskulatur zu spüren sein; das Gesäß sollte dabei absolut entspannt und locker bleiben.

Können Sie diese Übung locker, leicht und geschmeidig durchführen? Entsteht ein rundes, weiches und deutlich sichtbares Schwingen? Wenn ja, so ist dies als sehr positiv zu bewerten. Gelingt Ihnen die Übung nicht gleich, ist das kein Grund zu verzweifeln. Üben Sie konsequent, und auch Ihr Körperbewußtsein wird sich durch diese Übungen steigern und verbessern. Beginnen Sie, wenn Sie Schwierigkeiten mit dieser Übung haben, mit zehn Wiederholungen, und steigern Sie allmählich auf 40 Wiederholungen. Sie werden sehen, es wird von Woche zu Woche besser gelingen. Auch Stauungen in den Beinen werden sich verbessern.

Richtiges Stehen

Eine unserer Zusatzuntersuchungen zu dieser Beckenfreiübung ergab, daß nach Erlernen dieser Übung und bei richtigem Stehen Krampfadern (meßbar mittels Thermoelementen, die an den betroffenen Stellen aufgeklebt wurden) deutlich zurückgehen.
Richtig stehen bedeutet, das Becken gerade zu halten und die Knie immer leicht gebeugt zu lassen. Die meisten Menschen drücken ihre Knie beim Stehen durch, so daß Knie- und Beinmuskulatur (Unter- und Oberschenkel) fast ständig unter Spannung stehen. Sie kippen dabei ihr Becken nach vorne und ziehen ihr Gesäß ein (so als ob Sie einen imaginären Schweif einziehen würden). Dies ist eine sehr archaische Reaktion, fast alle Tiere tun dies, wenn sie Angst haben. Der Mensch nimmt eine solche Haltung ein, wenn die Streßbelastung für ihn zu groß wird und oft auch dann, wenn er Angst und Widerwillen vor Sex hat. Diese Haltung aber begünstigt das Entstehen von Krampfadern und Stauungen in den Beinen, was wir meßtechnisch beweisen konnten. Eine Operation von Krampfadern sollte daher mit einer Neueinstellung der Körperhaltung verbunden sein. Mit Hilfe eines Biofeedbackgerätes kann der Fachmann und der betroffene Patient eine Körperhaltung suchen helfen, die Krampfadern entlastet und eine Neubildung weitestgehend unterbindet.

Power für den ganzen Tag

Das PCE-Training als Kraftspender im Sport

Wie gesagt, betrifft unsere Institutsarbeit zu einem großen Teil die Bereiche Spitzensport und Mentaltraining. Darum wurde das neue PCE-Training wieder zuerst im Spitzensport eingesetzt und getestet. Mittels Biofeedbackkontrolle durch Rückmeldung des Hirnfeldes (Potentiale) brachten wir unseren Sportlern das neue Powerprogramm bei, mit dem Ziel, ihre Zellenergie über Nacht aufzuladen, das Immunsystem zu stärken und vor allem ihre Power und damit ihre Reaktionsfähigkeit zu erhöhen. Ein weiteres PCE-Training für Spitzensportler wurde entwickelt, das laut Labortests und Reaktionskontrolle zeigte, daß das PCE-Training alle bisher gemessenen Trainingsverfahren übertrifft.
Die Gründe dafür sind:

- Die Möglichkeit, die Übungen schnell zu erlernen, auch ohne Unterstützung irgendwelcher Geräte.
- Die Möglichkeit, die PCE-Übungen in jedes herkömmliche Training einzubeziehen.
- Die Möglichkeit, die PC-Energie auch bei verletzungsbedingten Pausen zur schnellen Genesung einzusetzen.

Das erweiterte PCE-Training für Sportler beinhaltet außer dem Kern der Übungen 1 bis 7 noch eine zusätzliche Atemübung.

Die PCE-Atemübung

Ausgangshaltung
Gehen Sie direkt von der Power-Übung (schnelles Anspannen des PC-Muskels ohne Veränderung der Körperposition) in die Atemübung über.

Ausführung
Ihr Mund bleibt während der gesamten Übung geschlossen. Atmen Sie kraftvoll auf ein kurzes, scharfes, stimmloses „Hmh“ aus, indem Sie den Nabel und den Unterbauch spontan in Richtung Wirbelsäule einziehen. Gleichzeitig spannen Sie Ihren PC-Muskel mit an. Halten Sie die Spannung 1 bis 2 Sekunden lang an, und entspannen Sie danach Bauch und PC-Muskel, wobei Sie gleichzeitig etwas langsamer einatmen.
Versuchen Sie, diese Übung in ununterbrochenem raschen Rhythmus 1 bis 3 Minuten lang durchzuhalten.

Diese zusätzliche Atemübung bringt vermehrt Energie und Wachheit, kurbelt den Kreislauf und den Abtransport aller Giftstoffe aus Lunge, Blutgefäßen und Schleimhäuten an. Auf lange Sicht stärkt die Übung die Nerven, verbessert das geistige und körperliche Gleichgewicht, fördert die Ausdauer und dient zur Tiefenregeneration.
Sie sollten diese Übung immer eine Stunde vor dem Training oder Wettkampf absolvieren.
(Mehr Tips für den Sportbereich finden Sie in dem Buch „Das neue Kopftraining der Sieger“.)

Das PCE-Training im Management

Gerade im Management, bei Besprechungen und Vorträgen, kann das PCE-Training rasch neue Energien freisetzen. Dazu ist es aber notwendig, daß Sie die beschriebenen Übungen 1 bis 7 regelmäßig durchführen. Denn nur so haben Sie einen gut trainierten PC-Muskel, der dann in der Anforderungssituation rasch genügend Energien mobilisieren kann. Die beiden folgenden Übungen tun Ihnen zusätzlich Gutes:

Die PCE-Managerübung

Ausgangshaltung
Stehend oder sitzend, in jeder Situation, in der Sie gesteigerte Konzentration und Power benötigen.

Ausführung
Halten Sie Ihren Rücken gerade, nehmen Sie die größten Spannungen aus Ihrem Körper, und spannen Sie (von Ihrem Gegenüber unbemerkt) mehrmals den PC-Muskel für ca. 5 Sekunden an. Kontrahieren Sie so oft wie notwendig, bis der gewünschte Energiezustand erreicht ist. Lassen Sie dann plötzlich los, und lassen Sie beim Ausatmen die Hände fallen, entspannen Sie sich. Diese Übung sollten Sie mindestens 3mal wiederholen.

Diese Übung hilft auch, aufgebauten Streß abzubauen, da dabei alle Muskeln entspannt werden. Vergessen Sie nicht, daß bei dieser Übung jeder Muskel entspannt werden soll (ganz besonders Bauch- und Gesäßmuskeln) und nur der PC-Muskel isoliert angespannt wird. Die Haltung soll so sein, daß die aktivierte Energie Ihr Gehirn erreicht.

Die PCE-Expansionsübung

Diese Übung können Sie kurz vor einem Vortrag oder vor einer wichtigen Besprechung durchführen. Sie baut Streß ab, bringt mehr Power, Wärme strömt in Gesicht, Kopf und Hals.

Ausgangsposition
Stellen Sie sich in eine Türöffnung.

Ausführung
Drücken Sie die Handflächen zu beiden Seiten gegen den Türrahmen, und atmen Sie dabei gleichzeitig tief und fest ein. Spannen Sie den PC-Muskel an. Halten Sie den Atem an, steigern Sie den Druck der Hände gegen den Türrahmen, und erhöhen Sie auch die Spannung in Ihrem PC-Muskel. Behalten Sie diese Stellung so lange wie möglich bei. Lassen Sie dann plötzlich los, und lassen Sie beim Ausatmen die Hände fallen. Entspannen Sie sich. Diese Übung sollten Sie mindestens 3mal wiederholen.

Das PCE-Training zur Steigerung der Kreativität

Gerade Menschen, die kreativ sein müssen und künstlerisch tätig sind, werden von den PCE-Übungen stark profitieren, da besonders die rechte Gehirnhälfte, die für schöpferische Leistungen zuständig ist, aktiviert wird. Ganzheitlichkeit, Kreativität, Überzeugungskraft und Ausstrahlung nehmen zu. In meinem Buch „Charisma-Training" habe ich unsere Analysen charismatischer Personen veröffentlicht. Einer der wichtigsten Faktoren, der allen von uns gemessenen charismatischen Personen gemeinsam war, war viel Power in der rechten Hirnhälfte. Diese Personen sind kommunikationsfreudig, sprachbegabt und kreativ. Sie können Visionen vermitteln und wirken auf ihre Zuhörer suggestiv. Heute würde ich die PCE-Übungen als Grundlage für eine charismatische Ausstrahlung ansehen. Durch ständiges PCE-Training gewöhnt sich die rechte Gehirnhälfte nämlich schnell an mehr Energie, und ein Denken in völlig neuen Bahnen bereichert die Persönlichkeit.

Powertip: Wenn Sie noch mehr Wirkung aus dem PCE-Training zur Steigerung der Kreativität herausholen wollen, so verschließen Sie bei der Übung 7 (langsame PCE-Übung) das rechte Nasenloch. Sie sollten für die Dauer der Übung nur durch das linke Nasenloch atmen.

Das PCE-Training für Schüler

In den letzten Jahren bemerkten wir immer wieder, daß gerade Jugendliche zunehmend mit Konzentrationsproblemen zu kämpfen haben. Die Fülle von Umweltreizen, Fernsehprogrammen und Computerspielen trägt dazu bei, daß die Schüler heute neuen Problemen gegenüberstehen.
In unser Mentaltraining für Kinder und Jugendliche mit Schulproblemen ist heute das PCE-Training fix eingebaut. Bei den Betroffenen kann die richtige Ausführung der Übungen das Konzentrationsproblem sofort lösen. (Bei Kindern ist es anfänglich besser, das Erlernen der Übungen mittels Hirnpotentialmessung zu überwachen.) Wir konnten sehen, daß schon Kinder ab dem vierten Lebensjahr diese Übungen in ca. 1 bis 2 Stunden erlernten.
Eine befreundete Lehrerin stellte mir einmal die berechtigte Frage: „Kann die Energie, die wir durch die PCE-Übungen mobilisieren, eigentlich zu Ende gehen, können wir uns selbst schwächen?"
Wir haben in unserem Organismus so große Energiereserven (die wir täglich durch unsere Nahrung und durch unsere Atmung aufnehmen), daß es nicht

möglich ist, zuviel von der Energie zu verbrauchen. Wir wissen heute, daß die Energien durch die sieben PCE-Übungen im Körper wie im Gehirn besser und natürlicher verteilt werden. Energien, die sich in manchen Organen und Bereichen stauen (und diese dadurch überbeanspruchen), verteilen sich harmonisch, wenn wir das PCE-Training regelmäßig durchführen. Das Gehirn bekommt die notwendige Energie, ohne daß es durch schädliche Blockaden weiter unterversorgt wird.

Natürlich hilft es, die Energiereserven mit hochwertiger, energiereicher Nahrung aufzufüllen. Vitaminreiche Kost natürlichen Ursprungs hilft Kindern und auch Erwachsenen, mehr Energie zu mobilisieren.

Powertip: Am Abend vor einer wichtigen Prüfung sollten Sie alle sieben PCE-Übungen sorgfältig durchführen. Laden Sie sich richtig auf. Am Morgen nehmen Sie sich nochmals Zeit, sich mit der Power-Übung aufzubauen, und im Augenblick der Anforderung kurbeln Sie nochmals mit 10 bis 20 PCE-Aufbauübungen Ihren Energiekreislauf an.

Das PCE-Training und die Sexualität

Neue Erkenntnisse über den Orgasmus

Es gibt eine Fülle von erforschten (meßbaren) Veränderungen, die während des Geschlechtsverkehrs im Körper auftreten. Diese durch die Erregungsphase eingeleiteten und in der sogenannten Plateauphase bis zu einem bestimmten Aktivitätspunkt gebrachten körperlichen Veränderungen sind: starke Zunahme der Herz- und Atemfrequenz, Absinken des hautgalvanischen Widerstandes, Ansteigen des Blutdrucks, ganz besonders Anstieg der Kopfdurchblutung, vor allem in der rechten Gehirnhälfte, sowie Steigerung der allgemeinen Muskelspannung und oft leichte Kontraktionen der Bauchmuskulatur, der Muskeln im Zwischenrippenbereich und kaum wahrnehmbare Zuckungen des PC-Muskels. Diese Aktivitäten des PC-Muskels entstehen schon sehr oft, bevor beim Mann die Erektion beginnt und die Scheide der Frau feucht wird, sie sorgen im allgemeinen für mehr geistige Power und Aktivierung des allgemeinen

Interesses. Sobald sich bei einer Frau der PC-Muskel mehrmals zusammenzieht, strömt nach jeder Kontraktion Blut in das Vaginalgewebe. Die Befeuchtung der Vagina nimmt zu.
Was die Wahrnehmung dieser inneren Muskelaktivität betrifft, so ist sie bei Frauen und Männern ähnlich. Beide neigen dazu, die winzigen PC-Muskelschwankungen, die das Lustempfinden einleiten, nicht zu beachten.
Warum sind aber diese geringen Muskelzuckungen für unser Thema so interessant? Nach unseren Messungen bereiten sie nicht nur den Körper auf den zu erwartenden Lustgenuß vor, sondern die Tätigkeit dieser Muskelpartie wirkt wie eine Pumpstation (ein Kreislauf zwischen PC-Muskel, Nerven, Hirn und wieder zurück). Hirn, Nerven und PC-Muskel schaukeln das hirnelektrische Potential auf bis zu dem Punkt, wo ein einziger nervlicher (sympathikotonischer) Reiz genügt, den Orgasmus auszulösen.
Schon der Amerikaner Alfred Kinsey berichtete 1967 von EEG-Aufzeichnungen während sexueller Stimulation. Beim Orgasmus zeigen sich sehr langsame (große) Hirnwellen, und das bei sehr hoher Spannung. Aus den EEG-Aufzeichnungen Kinseys geht hervor, daß überwiegend hochkomplizierte Theta-Wellen unterschiedlicher Frequenz, untermischt von einzelnen Delta-Wellen (das sind alles Hirnwellenmuster, die auch bei Euphorie, bei tiefer meditativer Versenkung und bei Freudeempfinden bei etwa zweijährigen Kindern gemessen werden können), während des Orgasmus auftreten. Diese konzentrieren sich besonders in der rechten Gehirnhälfte, bei Männern wie bei Frauen.
Interessant sind hierzu unsere Beobachtungen von Epilepsie-Patienten. Diese zeigten, daß sich bei einem epileptischen Anfall das Hirnpotential (Hirnfeld) umpolarisiert (hohe Minuswerte wechseln in Pluswerte), und das innerhalb von Sekunden. Dadurch kommt es zu kurzen oder auch längeren Bewußtseinsausfällen. Manche Frauen verlieren tatsächlich auch beim Orgasmus kurz das Bewußtsein, oder ihr Bewußtsein ist leicht eingetrübt. Auch Männern passiert das gelegentlich. Diese Erfahrung ist für den Betroffenen nicht unangenehm. Es kommt im Gehirn zu einem dem „reset“ des Computers ähnlichen „Neustart“. Das heißt nichts anderes, als daß zuerst viel Spannung aufgebaut und diese Spannung dann blitzartig wieder entladen wird. Dieser Vorgang ist nur beim Orgasmus gewollt, hält sich in zeitlichen Grenzen und ist sogar gesundheitsfördernd, zumal bei diesem Abbau von Spannungen auch alle Lasten des Tages (Streß, Angst usw.) mit abgebaut werden. Es kommt in der Erholungsphase nach dem Orgasmus zu einem Neuaufbau der normalen Grundspannung.

Untersuchungen von John D. Perry zeigten auch, daß der Orgasmus um so intensiver erlebt wird, je kräftiger der PC-Muskel ist. Oft folgen mehrere sexuelle Höhepunkte aufeinander, wenn Frauen mit starkem PC-Muskel weiter stimuliert werden. Die Aktivität des starken PC-Muskels dürfte das Gehirn über die Nervenbahnen zu besonderen energetischen Höhen treiben, und nur kleine Reize sind dann nötig, um einen Orgasmus – oder mehrere – auszulösen. Zu all diesen Untersuchungen kommt noch eine Untersuchung der letzten Jahre hinzu, die ein Phänomen beschreibt, das die Wissenschaft „low sexual desire" (LSD), zu deutsch „geringes sexuelles Verlangen" nennt. Dieses Phänomen haben die Forscher vor allem bei jungen Leuten festgestellt. Sie glauben, daß geringes sexuelles Verlangen (LSD) darauf zurückzuführen ist, daß feste Bindungen, die früh geschlossen werden, bald an Attraktivität verlieren. Ein weiterer Grund kann die ständige Reizüberflutung in unserer Zivilisation sein. Dadurch geht die Leidenschaft schneller verloren. Bei Hirnstrommessungen, die 1978 von der deutschen Gesellschaft für Rationelle Psychologie (GRP) durchgeführt wurden, erreichten Frauen und Männer beim Orgasmus im Durchschnitt noch den Wert 190, 1994 waren wir bei einem Wert von 170 angelangt. Dabei muß man wissen, daß ein Hirnstromwert unter 150 keinen Orgasmus mehr zuläßt.

Hier zeigt sich deutlich, daß wir immer mehr zu Abstumpfung neigen und scheinbar immer höhere Reize nötig haben, um das zu erreichen, was wir uns erhoffen. Es ist heutzutage nötig, Strategien zu entwickeln, die den körperlichen Zustand, vor allem die Reaktionsfreudigkeit des PC-Muskels, stärken oder überhaupt erst ausbilden. Er ist ja unter anderem der Hauptenergielieferant für unser Sexualzentrum im Gehirn. Vor allem ist es aber wichtig, Strategien und Trainingstechniken zu erlernen, die eine erhöhte Gehirnaktivität bei sexueller Betätigung garantieren. Gerade hier bietet sich das PCE-Training als Hilfe an. Bei extremen sexuellen Problemen haben wir seit Anfang 1994 gute Erfahrungen mit einer eigens entwickelten Biofeedback-Trainingsmethode (des psychogenen Hirnfeldes der rechten Gehirnhälfte) gemacht. Aber auch körperliches Training wie die Runen-Übungen, die den Energiefluß im Bereich PC-Muskel – Wirbelsäule – Gehirn verstärken, können Blockaden dieses empfindlichen Energieflusses beseitigen.

Es können auch bestimmte Atemtechniken zum gewünschten Erfolg führen. Dabei stellt sich aber als notwendig heraus, daß die moderne Sexualtherapie nicht mehr ohne die Messung des Gehirnpotentiales/Hirnfeldes auskommt. Um

eine Überprüfung der sexuellen Erregung im Gehirn durchzuführen, wird das Hirnpotenial bei gleichzeitiger Anspannung des PC-Muskels gemessen und so die energetische Reaktionsfreudigkeit festgestellt. Bei Problemfällen kann dann eine Neukonditionierung des hirnelektrischen Feldes vorgenommen werden, was zumeist 20 bis 30 Biofeedback-Trainingsstunden in Anspruch nimmt.
Nicht zuletzt kann man mit einer Biofeedbackanlage messen, wie das hirnelektrische Potential auf pflanzliche Wirkstoffe reagiert. Das heißt, daß mit einem Biofeedbacktest von etwa 1 bis 2 Stunden verschiedene Wirkstoffe, wie Düfte, ätherische Öle usw., auf ihre Wirksamkeit als Aphrodisiaka, also als Anregungsmittel, überprüft werden können. So kann jeder Mensch genau den Wirkstoff erhalten, der zu ihm paßt. Darüber hinaus können mit dieser Methode natürlich auch alle Konzentrationsprobleme und Aktivierungsschwächen durch einfache und natürliche Wirkstoffe behoben werden. (Eine Beschreibung der wichtigsten Wirkstoffe finden, Sie ab Seite 90). Das bringt heute jedem die Möglichkeit, mehr Freude am Sex zu empfinden und hilft, Probleme gar nicht erst aufkommen zu lassen.
Mehr zu diesem Thema finden Sie in meinem Buch „Was Sie über Sex wissen sollten. Neue biomedizinische Erkenntnisse“.

Zölibat

Aus all diesen Erkenntnissen heraus läßt sich ableiten, daß es schädlich ist, sexuelle Enthaltsamkeit zu praktizieren. Denn wird eine Körperfunktion nicht ihrem natürlichen Zweck entsprechend genützt, so entsteht ein Ungleichgewicht, unter dem die körperliche Gesundheit leidet. Eine vor kurzer Zeit durchgeführte medizinische Untersuchung an mehr als tausend katholischen Priestern zeigte, daß Prostatakrebs in der untersuchten Gruppe deutlich öfter vorkam als beim Durchschnitt der übrigen männlichen Bevölkerung. Bei enthaltsam lebenden Frauen zeigte sich, daß Erkrankungen von Gebärmutter und Eierstöcken deutlich öfter vorkamen als in der Kontrollgruppe.

Powertip: Sollten Sie nicht regelmäßig sexuell aktiv sein, so kann die Power-Übung für die Gesunderhaltung Ihrer Sexualorgane bzw. Drüsen sorgen.

Veränderte Bewußtseinszustände durch PC-Energie

Erreicht das Energieniveau eine signifikant über dem Normalen liegende Höhe, so entstehen ekstatische Zustände: die Kundalini-Energie, die Lebensenergie, erwacht, neue Zellstrukturen aktivieren sich, bisher untätig gewesene Hirnbereiche kommen zum Einsatz. Neue Fähigkeiten werden ausgebildet, Selbstheilungsmechanismen aktiviert. Hieraus ist klar ersichtlich: Der Griff zu beruhigenden (sedierenden) Medikamenten und Drogen will gut überlegt sein. Solche Beruhigungsmittel nehmen zwar scheinbar die Angst, aber nicht selten wird sie gegen Depressionen, Lethargie und allgemeines Desinteresse am Leben eingetauscht. Für Menschen, die unter Ängsten zu leiden haben, bietet sich vielmehr das PCE-Training (als Energieaktivierungstechnik) und die progressive Muskelentspannungstechnik nach E. Jacobsen (als Energiedeaktivierungstechnik) an. Geht man mit Hilfe des PCE-Trainings über das normale Energieniveau des Gehirns hinaus, läßt man auch alle Ängste der unteren Energieebene zurück. Da das PCE-Training eine gut zu regulierende, durch den Übenden einfach zu kontrollierende Technik ist, kommt es auch gar nicht zu negativen psychischen Erscheinungen wie etwa bei Techniken, die sich nur auf reine Visualisierung (also die Vorstellungskraft und damit den Geist) beschränken. Durch die PCE-Übungen lernt der Trainierende nach und nach, mit dem neuen, verstärkten Energieangebot umzugehen. Neue Zellstrukturen aktivieren sich langsam, das Nervensystem hat Zeit, sich auf die neuen Gegebenheiten einzustellen. Unser Gehirn lernt mit der neuen Kraft zu leben, und vor allem der Trainierende versteht, woher diese Energie kommt.
Bei rein meditativen (kognitiven) Praktiken, die oft noch mit Hatha-Yoga-Übungen verbunden sind, kommt es (wie im Falle des zitierten Gobi Krishna) oft zu einem blitzartigen Ausbruch der Lebensenergie. Der Betroffene ist organisch und psychisch nicht darauf vorbereitet, er reagiert dadurch oft mit Ängsten und negativen bis krankhaften Symptomen.

PCE-Training statt Drogenkonsum

Bewußtseinsverändernde Drogen, sogannte Psychedelika wie etwa Meskalin oder LSD, rufen bereits in geringen Dosen Zustände hervor, die einer Erweiterung des Bewußtseins und der Wahrnehmung gleichkommen. Alle starken Halluzinogene zeichnen sich sozusagen als Energiespender aus. Das heißt, je weniger in einem Wirkstoff die Fähigkeit zur Elektronenabgabe vorhanden ist, um so geringer ist auch seine halluzinogene Wirkung. LSD wirkt vor allem durch seinen Energiezustand und die Verteilung der elektrischen Ladungen und beeinflußt das Stamm- und Zwischenhirn, insbesondere das limbische und auch das Retikulärsystem (siehe Abbildung 2 auf Seite 23 am stärksten. Nun werden in diesen Hirnzentren aber nicht nur unsere Sinnesreize aufgeschlüsselt und verarbeitet, sondern auch die Informationen ausgewählt, die der Orientierung des Menschen in seiner drei- bzw. vierdimensionalen Welt und damit seinem Überleben dienen.

Im Normalzustand hat das Gehirn auch die Funktion eines Filters, das „schädliche“, aber auch „unwichtige“ Eindrücke zurückhält. LSD macht diesen Filter für die Dauer eines Trips ganz oder teilweise unwirksam. Erstaunlich dabei ist, daß die Droge bereits in unwahrscheinlich geringer Dosis ihre volle Wirkung entfaltet. Je nach Intensität, Dauer und Erlebnisinhalt eines solchen Trips kann der Reisende sich am Ende in einem Zustand großer Erschöpfung befinden. Die Droge setzt somit große Mengen an psychischer Energie frei, mit welcher der Drogenkonsument zu agieren vermag, oder die ihn in visionäre, innere Räume versetzen kann. Diese Energie muß aber wieder ersetzt werden, ähnlich wie ein leerer Batterieakku wieder aufgeladen werden muß. Außerdem kann es zu dem gefährlichen Effekt des sogenannten „flash-back“ kommen, wobei der Drogenkonsument nach Tagen, ja sogar noch nach Wochen unbeabsichtigt und unerwartet in den Rauschzustand fällt, ohne vorher Drogen eingenommen zu haben.

Mit den PCE-Meditationsübungen können ähnliche, aber völlig ungefährliche Erlebnisse erreicht werden, bei denen es zu keinem Energieraub kommt und der Organismus sogar gestärkt wird.

LSD-Untersuchungen haben überdies gezeigt, daß ein Überangebot an Energie im Gehirn die Wahrnehmung, das Denken und Fühlen aus den normalen Bahnen des Tagbewußtseins katapultieren kann. Daß es sich hierbei um einen rein energetischen Prozeß handelt, beweist die Tatsache, daß Schlafmittel (Barbiturate) und beruhigende Arzneimittel (Tranquilizer) in der Lage sind, psychotische und panische Zustände sofort beenden zu können. Die Erklärung ist sehr einfach: Alle diese Medikamente zeichnen sich dadurch aus, daß sie unter anderem die Hirnelektrizität, das Hirngleichspannungspotential herabsetzen, also dem LSD energetisch entgegenwirken können. Unsere Messungen haben ergeben, daß es möglich ist, das Gehirn durch bestimmte Wirkstoffe mehr aufzuladen oder aber eine Überenergetisierung herabzusetzen.

Die spirituelle Seite des PCE-Trainings

Univ.-Prof. Dr. Giselher Guttmann von der Universität Wien untersuchte mittels Messung der Gleichstrom-Potentiale die energetische Aufladung des menschlichen Gehirns.
Der Psychologe beschäftigte sich unter anderem mit den hirnelektrischen Begleiterscheinungen von veränderten Bewußtseinszuständen wie Hypnose, Meditation, Trance etc. Er fand heraus, daß in bestimmten Trancezuständen phantastische Potentialverschiebungen von mehreren tausend Mikrovolt auftraten. Das ist mehr als das Hundertfache der normalen Schwankungsbreiten des hirnelektrischen (Gleichspannungs-)Niveaus und noch immer ein Vielfaches dessen, was die stärksten Psychopharmaka derzeit zu bewirken in der Lage sind. Aber nicht nur die extreme Größe dieser gemessenen Hirnpotentialverschiebungen überraschte Guttmanns Forschergruppe. Beim Test eines südamerikanischen Tranceverfahrens, das bei Schamanen dortiger Indianerstämme gebräuchlich ist, trat eine gewaltige Potentialverschiebung in Richtung eines verstärkten Zuwachses der elektrischen Aufladung des Gehirns auf: Während der Trance entstand ein Zustand extremer Wachsamkeit, hoher Konzentration und höchster Aktivität. Doch das Wellenbild der EEG-Messungen zeigte gleichzeitig langsame Wellen an. Wellen, die für einen zumindest mitteltiefen Schlafzustand charakteristisch sind. Guttmann und sein Team beobachteten also einen hirnelektrischen Zustand, der zu dieser Zeit den Hirnforschern weitestgehend unbekannt war: hohe energetische Aufladung bei gleichzeitiger Tiefenentspannung.

Durch die damit verbundene hohe Energie bei gleichzeitiger Muskelentspannung sind gerade die PCE-Übungen besonders geeignet für die Tranceeinleitung.
Mit der Power-Übung kann jeder sein Energieniveau bei gleichzeitiger Meditation anheben. Tests zeigten uns, daß das PCE-Training jede Form von stiller Meditation, also Yoga, TM, Zen, autogenes Training, Selbsthypnose, bereichert

und vor allem neue Dimensionen einbringt. Auch wenn die langsame oder schnelle Power-Übung in eine Meditationstechnik eingebaut wird, sollte sie, wie in der Trainingsanleitung beschrieben, angewendet werden: 10 Sekunden Anspannung des PC-Muskels, 10 Sekunden komplette Entspannung des Muskels. Bei einer Meditationsübung sollten das Mantra und die Atmung mit der PC-Muskelkontraktion gekoppelt werden. Vor allem darf auch bei der Meditation nicht die richtige Haltung der Wirbelsäule und die Entspannung von Becken-, Schulter-, Hals- und Gesichtsmuskulatur vernachlässigt werden. Nur so kann die Kraft in unser Gehirn fließen. Personen, die autogenes Training und die Power-Übung miteinander verbinden wollen, müssen besonders darauf achten, daß ihre Wirbelsäule richtig ausgerichtet ist. Die sogenannte Droschkenkutscherhaltung des autogenen Trainings eignet sich nicht für diese Übung. Es kommt dabei zu Energiestörungen und zur energetischen Unterversorgung des Gehirns.

Die PCE-Meditationsübung

Hier möchte ich Ihnen eine nach unseren Laboruntersuchungen äußerst effektive Meditations- und Trancetechnik vorstellen, die als inneren, sozusagen energetischen Kern die Power-Übung integriert hat.

Wann meditieren?

Diese Frage beantwortet sich ganz von selbst, wenn Sie nach einem in unseren Breiten als normal angesehenen Tagesrhythmus leben. Dann stehen Sie zwischen 6 und 7 Uhr auf, haben gegen 18 bis 19 Uhr Ihre Arbeit abgeschlossen und gehen zwischen 22 und 23 Uhr zu Bett. In einem solchen Fall bieten sich als Meditationszeiten die Morgen- und Abendstunden an. Beide haben ihre Vor- und Nachteile. Der Nachteil der Morgenmeditation liegt für viele darin, daß man dafür früher aufstehen muß. Der beste Augenblick für die PCE-Meditation ist die Zeit zwischen 21 und 23 Uhr. In dieser Zeit werden unsere Drüsenzentren und Chakren mit mehr Energie als tagsüber versorgt (siehe Organuhren, Seite 75).
Der Vorteil der Abendmeditation liegt auch darin, daß sie einen harmonischen Abschluß des Tagesgeschehens bewirkt. Dies ist in unserer hektischen, streß-

reichen Zeit von größter Wichtigkeit. Viele Menschen müssen tagsüber in ihrem Beruf oder in ihrer Familie so viel leisten, daß sie sich abends nicht richtig körperlich entspannen können, und die Lebensenergie kann aufgrund ihrer energetischen Müdigkeit nicht mehr richtig fließen. Die überhöhten Muskelspannungen des Tages blockieren die Energien. Eine energetische Regeneration kann nicht mehr stattfinden. Es liegt auf der Hand, daß diese Menschen auch nicht gut schlafen können. Die fehlende Energie läßt sie schnell ermüden, der Tag endet für sie zu früh, es fehlt ihnen die Kraft. Das Immunsystem wird schwächer, und Abenddepressionen treten vermehrt auf. Auch das Sexualleben leidet, ganz besonders dann, wenn es unbedingt in den Abendstunden stattfinden soll. Es fehlt einfach an der nötigen Energie.

Wo meditieren?

Wo Sie meditieren, hängt von Ihrem Geschmack ab. Es sollten aber Räumlichkeiten sein, wo Sie für die Dauer der Meditation ungestört sind. Das Telefon sollte für die Meditationszeit abgeschaltet sein. Der Raum sollte nicht zu warm, aber auch nicht kalt sein. Natürlich sollten Sie Ihre Technik so nach und nach an jedem Ort (z. B. auch im Hotel) und zu jeder Zeit erfolgreich ausführen können. Doch ist es hilfreich, anfangs immer im selben Raum, zur gleichen Zeit und unter gleichen Bedingungen (mit Blick Richtung Westen) zu üben. Ein zu Anfang rituelles Durchführen der Übungen hilft, den Lernprozeß abzukürzen und den Zustand der Meditation zu vertiefen.

Wie meditieren?

Zum Wie der Meditation gehört auch die Frage, ob allein, zu zweit oder auch in einer Gruppe meditiert werden soll. Auch das ist leicht zu beantworten. Versteht man sich mit seinem Partner und/oder mit der Gruppe gut, kann die Meditation auch in Gesellschaft durchgeführt werden (siehe auch Seite 87). Die Tatsache, daß man im wesentlichen allein meditiert, ergibt sich schon aus den Meditationszeiten.

Der richtige Körperzustand

Anfangs ist es unerläßlich, vor allem vor der Abendmeditation, die Runen-Übungen des PCE-Trainings durchzuführen, weil sie Drüsen und Wirbelsäule harmonisieren. Das ist notwendig, weil tagsüber Spannungen und Verkrampfungen aufgebaut und Energien blockiert werden und die Drüsen nach einem Tag der Belastung unharmonisch arbeiten. Aber auch gleich nach dem Aufstehen ist ein Durchgang der Runen-Übungen förderlich, um die Morgensteifheit aus Körper und Geist zu vertreiben. Auch werden die Energiebahnen im Rückenmark ausgerichtet, und die Drüsen erfahren eine Grundharmonisierung. Der Tag beginnt im energetischen Gleichgewicht. Der Körper verjüngt sich, und körperliche Störungen beheben sich von selbst. Heilende Energie erreicht alle Zellen des Körpers.

Die Haltung

Bei der Körperhaltung sollte vor allem auf die richtige Wirbelsäulenhaltung geachtet werden. Die aktivierende Energie muß ungehindert fließen können. Nehmen Sie bewußt die Spannungen aus dem Becken-, Schulter- und Halsbereich. Rollen Sie die Schultern, kreisen Sie mit dem Kopf, und bewegen Sie das Becken einige Male vor und zurück. Ich selbst bevorzuge den etwas erhöhten Fersensitz (siehe Abbildung 14, Seite 38), er ermöglicht auf einfache Art die richtige Wirbelsäulenhaltung und kann auch von Ungeübten für längere Zeit eingehalten werden. Er ist für uns Europäer kein alltäglicher Sitz und bringt so für unser Unbewußtes einen rituellen Akzent in die Meditation ein. Schon allein durch die Einnahme dieser Übungshaltung aktivieren sich dann die durch oftmaliges Üben konditionierten Prozesse. Die Muskelspannung wird abgebaut, und die Energien beginnen von selbst leicht zu fließen. Natürlich ist diese Haltung genauso gut wie der halbe oder auch der ganze Lotussitz. Wer möchte, kann auch auf einem Stuhl die richtige Wirbelsäulenhaltung zu Meditation einnehmen (siehe Abbildung 15, Seite 38).

Die erste Stufe

Ausführung

Nehmen Sie die Übungshaltung ein (siehe oben), und lösen Sie die Muskeln noch einmal durch Lockerungsübungen. Legen Sie Daumen und Zeigefinger aneinander, so daß Sie Ihren eigenen Puls zwischen den Fingerkuppen fühlen. Gelingt das nicht, so erlernen Sie dies mittels Fingerpulsfühlen (siehe Seite 64). Legen Sie die Hände in den Schoß, lassen Sie die Fingerkuppen weiter leicht geschlossen, und fühlen Sie Ihren Puls. Zählen Sie nun von 1 bis 50 – jeder Pulsschlag ist eine Zahl. Diese Übung baut weitere Spannungen vor allem der glatten Muskulatur (Gefäßsystem) ab.

Legen Sie Ihre Zunge flach und sanft auf den Gaumen. Wenn Sie die Augen noch nicht geschlossen haben, schließen Sie sie jetzt. Drehen Sie Ihre Augen in Richtung Nasenwurzel (siehe Abbildung 16, Seite 41), halten Sie die Augenlider dabei weiterhin geschlossen. Wie wir mittels EEG nachweisen konnten, fördert diese Augen- und Zungenhaltung die Entspannung des Gehirns.

Beginnen Sie nun mit der langsamen Aufladung Ihres Gehirns und Ihres Körpers mit Lebensenergie. Erwecken Sie die Schlangenkraft mittels der langsamen PCE-Übung: Spannen Sie den schon seit einiger Zeit gut trainierten Beckenbodenmuskel für etwa 10 Sekunden an, atmen Sie dabei langsam und tief ein, und halten Sie die Atmung so lange an, bis Sie bei 10 angelangt sind. Wenn Sie von 1 bis 10 zählen, sollte das zur Zeitorientierung dienen. Bei der Zahl 10 angelangt, entspannen Sie den PC-Muskel wieder komplett, und atmen Sie dabei aus. Während des Ausatmens wieder von 1 bis 10 zählen. Berücksichtigen Sie beim Ausatmen, daß es erst bei der Zahl 10 abgeschlossen sein soll.

Atmen Sie beim Anspannen und auch beim Entspannen immer harmonisch gleichmäßig und ruhig.

Achten Sie während der Übung ganz besonders darauf, daß keine anderen Muskeln verspannt oder mit angespannt werden. Weder die Bauch- noch die Gesäß- oder die Schultermuskulatur sollten angespannt werden. Überprüfen Sie im Geiste ruhig Ihren Körper, lösen Sie Ihre Muskulatur im Falle von Verspannungen. Wenn nötig, bewegen Sie Ihre Muskeln einige Male, um aufgestaute Spannungen zu lösen. Die Energie muß ohne Hindernis fließen, nur so kann sich die Kraft entfalten. Wiederholen Sie nun diese Übung anfangs etwa 50mal. Später, als Fortgeschrittener, bis zu 100mal.

Abbildung 17: Fingerpulsfühlen

Zum Fingerpulsfühlen legen Sie die Finger beider Hände aneinander (siehe Abbildung 17), schließen die Augen und regulieren dabei den auftetenden Druck auf die Fingerkuppen so lange, bis Sie an den Kontaktpunkten Ihren Puls fühlen. Verharren Sie nun kurz in dieser Stellung, und beginnen Sie ganz ruhig und gleichmäßig zu atmen. Sie werden bemerken, daß Sie den Pulsschlag immer deutlicher und stärker fühlen. Beginnen Sie nun den Puls zu zählen (immer von 1 bis 10).

Die zweite Stufe

Wenn Sie diese Übung etwa 20 Tage durchgeführt haben, können Sie mit der zweiten Stufe der Meditationsübung beginnen. (Bitte beginnen Sie nicht früher damit, denn Ihr Gehirn und Ihr Nervensystem brauchen Zeit, mit dem größeren Angebot an Lebensenergie umzugehen.) Sollte sich bei den Übungen manchmal Kopfschmerz, vor allem einseitiger Kopfdruck, einstellen, ist das ein Zeichen dafür, daß sich Ihr Gehirn mit dem Mehrangebot an Energie auseinandersetzt. Die schwächere Gehirnhälfte wird vermehrt aktiviert, brachliegende Zellstrukturen werden aufgeladen. Das kann zeitweise Spannungskopfschmerzen mit sich bringen. Durch die einfachen Harmonisierungsübungen für Drüsen und Wirbelsäule (Runen-Übungen) lassen sich diese Spannungen und auch Energiestörungen, die diesen Prozeß begleiten, ausräumen.

Ausführung

Nach den 100 Power-Übungen im 10-Sekunden-Takt spannen Sie wieder den PC-Muskel an, aber jetzt schnell und fest, dabei atmen Sie rasch und tief ein. Dauer: ca. 1 Sekunde. Sofort atmen Sie wieder komplett aus und entspannen den PC-Muskel nun restlos. Spannen Sie den Muskel jedesmal so schnell Sie können an, und atmen Sie parallel so schnell wie möglich ein. Entspannen Sie nun, so schnell Sie können. Machen Sie zwischen Anspannung und Entspannung möglichst keine Pause. Anspannen mit dem Einatmen, entspannen mit dem Ausatmen. Und das 100mal.

Auch diese Stufe der Meditationsübung sollten Sie aus Gewöhnungs- und Aufbaugründen 20 Tage lang durchführen.

Die ersten beiden Stufen der Meditationsübung

1. Führen Sie wenn möglich die Harmonisierungsübungen für Drüse und Wirbelsäule aus (Runen-Übungen).
2. Nehmen Sie die Meditationshaltung mit Blick auf Richtung Westen ein (achten Sie auf die Wirbelsäule).
3. Suchen Sie den Körper nochmals nach Muskelblockaden ab und lösen Sie diese.
4. Nehmen Sie die Hand- und Fingerhaltung ein, so daß Sie den Puls zwischen Daumenkuppe und Mittelfinger oder Zeigefingerkuppe spüren. Zählen Sie Ihren Pulsschlag so lange, bis Sie 50 Pulsschläge erreicht haben.
5. Legen Sie Ihre Zunge an den Gaumen, belassen Sie sie für die Dauer der Meditation dort.
6. Drehen Sie Ihre Augen in Richtung Nasenwurzel, belassen Sie Ihren Blick für die Dauer der Meditation dort. Gleiten Sie davon ab, bringen Sie die Blickrichtung wieder zur Nasenwurzel.
7. Beginnen Sie mit dem langsamen Teil der Power-Übung. Führen Sie diese Übung mit der rhythmischen Atmung 100mal durch.
8. Schließen Sie nun an die langsamen 100 Power-Übungen die 100 schnellen an.

Die dritte Stufe

Ausgangshaltung
Der Ablauf dieser dritten Meditationsstufe ist der gleiche wie in der vorangegangenen Stufe. Doch nun unterstützen Sie die schnellen 100 1-Sekunden-Übungen mit einer Visualisierung:

Ausführung
Beim Muskelanspannen und gleichzeitigen Einatmen konzentrieren Sie Ihren Geist auf den Punkt zwischen Ihren Augen (auf die Nasenwurzel). Halten Sie die Augen auf diesen Punkt fixiert und geschlossen. Beim Anspannen des PC-Muskels stellen Sie sich vor, wie die so aktivierte Energie aus dem Becken, durch die Wirbelsäule zu dem Punkt, der zwischen den Augen liegt, fließt, dabei visualisieren Sie die Energie am besten als weißes Licht, als lebendige Kraft. Sie können sich auch vorstellen, wie die einzelnen Chakren und Drüsenzentren mit Energie aufgeladen werden. Wenn Sie die Technik wie beschrieben durchführen und die Augen auch weiter auf die Nasenwurzel richten, wird Ihnen diese Visualisierungstechnik leichtfallen.
Bei jedem Anspannen des Muskels fließt die Energie vom Becken entlang des Rückenmarks ins Gehirn und wird dort gespeichert. Der Übende kommt nach einiger Praxis schnell in einen ekstatischen, tranceartigen Zustand. Tritt dieser ein, kann mit der Power-Übung aufgehört werden. Verlangsamen Sie Ihre Atmung, atmen Sie ruhig und gleichmäßig, doch behalten Sie die Visualisierung weiter bei. Stellen Sie sich vor, wie die Energie immer weiter in Ihr Gehirn fließt und wie sie sich zwischen Ihren Augen konzentriert. Bei jedem Einatmen heben Sie im Geist die Energie weiter empor.

Wenn Sie zu einer noch höheren Meditationsstufe gelangen wollen, bietet sich die PCE-Abschlußmeditation an.

Abschlußmeditation

Ausgangsposition
Diese Übung wird an die letzte Meditationsübung stufenlos angeschlossen. Behalten Sie die gleiche Haltung bei, lösen Sie jetzt allerdings die Zunge vom Gaumen, und lassen Sie die Augen zur Nasenwurzel gerichtet.

Ausführung

Ändern Sie Ihren Atem so, daß die Zeit des langsamen Ausatmens doppelt so lang wie die des Einatmens ist. Zwischen den Atemzügen wird eine kleine Pause von etwa 3 bis 5 Sekunden eingelegt, in der Sie als Verstärkung der Übung noch den PC-Muskel anspannen. Beim Einatmen führen Sie den Atem vom Beckenboden aus unter Beifügung der lautlosen, nur in Gedanken gesprochenen Silbe „SO" kraftvoll über die Wirbelsäule nach oben in den Kopf. Beim Ausatmen summen Sie hörbar den Buchstaben „M". Sie sollten dabei eine leichte Vibration des Stirnbereichs zwischen den Augen verspüren. Also lautlos „SO" während des Einatmens, Atem 3 bis 5 Sekunden anhalten, dann lautes Summen des Buchstaben „M". Sollten Sie die Vibration des „M"-Summens nicht sofort zwischen den Augen verspüren, experimentieren Sie einfach mit der Tonhöhe.

Wenn Sie die Vibration gut spüren, führen Sie diese Übung einige Minuten laut weiter, dann wiederholen Sie das „M" lautlos. Auch so sollten Sie eine deutlich wahrnehmbare Vibration an der Stirn fühlen.

Die PCE-Meisterübung

Wenn Sie die PCE-Meditation mindestens sieben Monate lang betrieben haben, können Sie die nachfolgend beschriebene PCE-Ekstasetechnik an die Meditation anschließen. Zuvor sollten Sie aber bedenken, daß diese Übung eine nachhaltige Veränderung Ihres Nervensystems und ein Aktivieren von vielen brachliegenden Hirnarealen mit sich bringt. Die Meisterübung ist erst dann wirksam, wenn Ihr PC-Muskel gut trainiert ist und wenn durch mindestens sieben Monate hindurch ihr Gehirn und ihr Nervensystem an mehr Energie gewöhnt wurde. Die PCE-Meisterübung muß mindestens 35 Minuten lang ununterbrochen durchgeführt werden. Zuvor müssen alle Übungen des PCE-Trainings ausgeführt werden. An die Power-Übung (langsame und schnelle PC-Muskel-Kontraktion) kann dann anstelle der herkömmlichen Meditation sofort die Meisterübung angeschlossen werden. Die beste Uhrzeit für diese Übung liegt zwischen 21 und 23 Uhr.

Ausgangsposition

Ihr Gesicht sollte nach Westen gerichtet sein. Nehmen Sie die richtige Sitzhaltung ein, nur legen Sie einen kleinen Ball (Tennisball) so auf die Sitzfläche, daß er während der ganzen Übung fest auf den Damm drückt. Der Druck durch den Ball soll ständig spürbar sein.

Ausführung
Spannen Sie den PC-Muskel an, und halten Sie die Spannung 35 Minuten lang, ohne die Spannung zu lösen. Sollte es Ihnen anfangs noch nicht gelingen, die Spannung 35 Minuten zu halten, so können Sie die Übung auch langsam ausdehnen, bis Sie 35 Minuten erreichen. Die ständige Anspannung läßt nun Ihr Gehirn mit Energie aufladen. Die geschlossenen Augen richten Sie zu Ihrer Nasenwurzel und legen die Zunge auf Ihren Gaumen. Lassen Sie Ihre Atmung los, lassen Sie sie ohne Kontrolle kommen und gehen. Verstärken Sie den Aufladeeffekt, indem Sie den gesamten Körper – im Sitzen – ca. 5 bis 10 Zentimeter langsam vor und zurück wippen lassen, der Druck durch den Tennisball auf den Damm sollte dadurch stärker und schwächer werden. Lassen Sie den PC-Muskel während des Wippens aber weiter angespannt.
Durch diese Übung sollte sich Ihre Atmung ganz von selbst verlangsamen und verflachen. Dies geschieht, ohne Ihr bewußtes Zutun. Sie sollten sich dabei wohl fühlen.
Wenn Sie die PC-Meisterübung in den nächsten Monaten regelmäßig täglich einmal wiederholen, werden Sie über die Wirkung erstaunt sein. Sie führt direkt zu einer spürbaren Bewußtseinserweiterung. Lassen Sie einfach geschehen, was von selbst geschieht.

Powertip: Fühlen Sie mitunter zuwenig Energie bei Ihrer Meditation? Dann hilft dieser Übungsverstärker:
Während Sie den Atem anhalten, können Sie bei zu wenig Energie noch zusätzlich Ihren Hals links und rechts im Bereich der Schilddrüse mit leichtem Druck massieren. Die Schilddrüse ist die einzige Drüse, die wir direkt durch manuelle Behandlung stimulieren können. Dies sollten aber nur Menschen mit zu schwacher oder normaler Schilddrüsenfunktion tun, also eher müde, unteraktive Menschen. Diese ca. 1 Minute dauernde Schilddrüsenmassage bringt noch mehr Power in Ihren Körper.

Die PCE-Meditation und die Sexualenergie

In vielen Meditationssystemen gilt es bis heute als unvereinbar, sexuell tätig zu sein und gleichzeitig die sexuelle Energie zur Erweiterung der persönlichen Spiritualität einzusetzen.

Dieses Denken kommt aus einer Zeit, in der man noch glaubte, daß die Sexualenergie beim Mann in der Samenflüssigkeit besteht und auch bei der Frau innere Substanzen (Sekrete aus den Geschlechtsdrüsen) mit der Sexualenergie gleichgesetzt wurden.
Bei der Erweckung der Lebensenergie – so berichteten Eingeweihte aus Ost und West – verspürt der Meditierende, wie sich ein Flüssigkeitsstrahl aus dem Bereich der Sexualorgane und des unteren Teils der Wirbelsäule entlang der einzelnen Energiezentren bis hinauf in den Kopf ergießt. Daß es sich bei diesen Empfindungen in Wirklichkeit nicht um ein Aufsteigen von Flüssigkeiten handelt, sondern um das Aufsteigen reiner (elektrischer) Energie, wußten die Menschen früherer Zeiten noch nicht. Daher war es auch naheliegend, diese wertvollen Säfte aufzusparen und seine Sexualität einem höheren Zwecke zu opfern. Das Dogma von der sexuellen Enthaltsamkeit, dem Zölibat, breitete sich zumindest in den monotheistischen Religionen aus. Daß diese Ansicht grundweg falsch ist, sieht man schon daran, daß es bei ständiger Enthaltsamkeit zu einer Störung der Geschlechtsdrüsenaktivität und einer damit verbundenen Störung des übrigen Drüsensystems, ganz voran der Zirbeldrüse, sowie zu bösartigen Erkrankungen kommen kann (siehe Seite 56).
Richtig ist sicherlich die Tatsache, daß der PC-Muskel mindestens 1 bis 2 Stunden nach einem Sexualverkehr weniger Energie abgibt, da er sich erst wieder regenerieren muß. (Ein gut trainierter PC-Muskel regeneriert sich natürlich schneller als ein untrainierter Muskel.) Daher sollte man nicht gleich nach dem Geschlechtsverkehr meditieren.
Ein Orgasmus baut die meiste im Gehirn vorhandene Energie ab. Es dauert dann wieder einige Zeit (ca. 1 Stunde), bis die nötige Grundspannung neu aufgebaut ist. In dieser Zeit sind die meisten Menschen eher müde und entspannt. Sie sind weit davon entfernt, die für die Meditation notwendige Sexualenergie im Gehirn aufzubauen.

Ihr Trainingsplan

1. Woche

Vorbereitung:

Besorgen Sie sich einen Kompaß, und bestimmen Sie die Himmelsrichtung Westen.

- ❏ Wenn Sie Ihre Aufbauübungen ab der 4. Woche mit Wirkstoffen (siehe Seite 90) unterstützen wollen, so müssen diese in der 1. Woche produziert werden, da eine Lagerzeit von drei Wochen notwendig ist.
- ❏ Lokalisieren Sie Ihren PC-Muskel (siehe Seite 35).
- ❏ Testen Sie die Stärke Ihres PC-Muskels (siehe Seite 36).

Übungen:

- ❏ Beginnen Sie mit den Aufbauübungen für Ihren PC-Muskel (siehe Seite 38).

2. Woche

Übungen:

- ❏ Beginnen Sie in dieser Woche mit den Runen-Übungen (siehe Seite 27).
- ❏ Hängen Sie an jeden Übungsgang Teil I der Power-Übung an:

  ANSPANNEN, von 1 bis 10 zählen
  ENTSPANNEN, von 1 bis 10 zählen
  Wiederholen Sie an- und entspannen 10mal.
  Führen Sie diese Übungen 2mal täglich durch.

Zusätzlich:

- ❏ Sollten Sie sehr verspannt sein, machen Sie die Beckenfreiübung (siehe Seite 46).
- ❏ Trinken Sie Tees zur Entschlackung (z. B. Brennesseltee).

3. Woche

Übungen:

- ❑ Beginnen Sie wieder mit Runen-Übungen (siehe Seite 27).
- ❑ Steigern Sie in dieser Woche Teil I der Power-Übung:

  ANSPANNEN, von 1 bis 20 zählen
  ENTSPANNEN, von 1 bis 20 zählen
  Wiederholen Sie an- und entspannen 30mal.
  Führen Sie diese Übungen 2mal täglich durch.

Zusätzlich:

- ❑ Sollten Sie immer noch verspannt sein, machen Sie die Beckenfreiübung (siehe Seite 46) weiter.
- ❑ Trinken Sie weiter Tees zur Entschlackung.

4. Woche

Übungen:

- ❑ Führen Sie diese Woche die Übungen 1 bis 7 durch (siehe Seite 27).
- ❑ **Üben Sie regelmäßig 2mal täglich.**
  Nur durch regelmäßiges Üben erreichen Sie einen starken Energiefluß!

Weiter . . .

- ❑ Ab Ende dieser Woche können Sie mit der PCE-Meditation (siehe Seite 60) beginnen.
- ❑ Wenn Sie in der 1. Woche die Wirkstoffe angesetzt haben, sollten Sie die PCE-Meditation damit unterstützen.

Weitere Wirkungen des PCE-Trainings

Lebensverlängerung

Wenn unser Körper gut funktioniert, so ist sein Energiehaushalt optimal eingestellt. Wenn das Energieniveau eines Menschen aber z. B. auf unter 80 Prozent des Normwertes abfällt, fühlt er sich schwach. Fällt seine innere Energie unter 50 Prozent ab, ist er für Krankheiten und Fehlfunktionen anfällig. Sinkt die Lebensenergie für längere Zeit unter 30 Prozent des Normalen, wird es zumeist kritisch. Alle Werte unter 10 Prozent sind lebensbedrohlich.

Viele unserer Organe arbeiten mit zuwenig oder zuviel Energie. Durch zuwenig Energie ist das betroffene Organ geschwächt, durch zuviel Energie in einzelnen Organen beschleunigt sich der Abnützungs- und Alterungsprozeß des Körpers.
Heute weiß man nämlich, daß der Alterungsprozeß der Zelle zu schnell abläuft, wenn einer Zelle mehr Energie als nötig zugesetzt wird. Hier kann das PCE-Training helfen, denn es harmoniert und verteilt die Energien im gesamten System. Energieblockaden werden durch den verstärkten Energiefluß aufgelöst, und die Zellen arbeiten mit der richtigen Energiemenge. Die dadurch frei werdenden Energien stehen dann dem Gehirn zur Regenerierung zur Verfügung, und der Alterungsprozeß wird verlangsamt.

Sollten Sie während des Trainings ein leichtes Ziehen im Nacken oder einen leichten Kopfdruck verspüren, so ist dies ganz normal. Solche Effekte weisen auf Energiestaus im Schulter-, Hals- und Kopfbereich hin, die im Zuge des PCE-Trainings von selbst vergehen.
Zur Linderung dieser Störungen können Sie auch Kopfkreiseübungen sowie die Runen-Übung 2 (I-Übung) und die Runen-Übung 3 (Y-Übung) einige Minuten durchführen.

Heilwirkung

„Die Gesundheit eines Menschen ist eben nicht ein Kapital, das man aufzehren kann, sondern sie ist überhaupt nur dort vorhanden, wo sie in jedem Augenblick erzeugt wird. Wird sie nicht erzeugt, ist der Mensch bereits krank."

Viktor von Weizsäcker

Während der Meditation kann durch reine Visualisation die im Gehirn gespeicherte Energie im Körper verteilt werden. Biofeedbackmessungen zeigten, daß es jedem Menschen möglich ist, seine Körperenergie (Körperpotentiale) an jede beliebige Stelle seines Körpers zu lenken. Haben Sie eine erkrankte oder verletzte Körperstelle, so visualisieren Sie diese. Denken Sie sich in den erkrankten, geschwächten oder verletzten Körperteil hinein. Stellen Sie sich während der Meditation vor, wie die Lebensenergie in diese Stelle fließt, jede einzelne Zelle mit heilender Energie durchflutet wird – und schon wird es geschehen. Anfangs nur langsam, zögernd, doch mit einiger Übung gelingt es Ihnen immer schneller und leichter. So können erkrankte Zellstrukturen wieder harmonisiert und neue, aufbauende Kräfte mobilisiert werden.
Die aktivierte Lebenskraft, die durch die Power-Übung aktivierte Schlangenkraft, scheint das Missing link der modernen Medizin zu sein, das Bindeglied, das den Patienten zu einem aktiven Mitarbeiter bei jeder Art von Therapie macht. Der Patient will heute nicht mehr zur Passiviät verurteilt sein, durch das PCE-Training kann er seinen Arzt, seinen Therapeuten aktiv unterstützen. Wenn Sie einzelne Organe gezielter beeinflussen wollen, so können Sie dies verstärken, indem Sie die Organzeiten berücksichtigen.

Jedes Organ hat seine Zeit

„Heilung ist eine Sache der Zeit."

Hippokrates

Der chinesischen Akupunkturlehre zufolge gibt es für alle Organe unseres Körpers eine bestimmte Tageszeit, in der sie vermehrt mit Lebensenergie versorgt werden. Die chinesischen Heilkundigen entdeckten schon vor fast 5000 Jahren, daß die inneren Energien in sogenannten Meridianen verstärkt

zirkulieren. Diese Meridiane (Energiebahnen) verlaufen vom Nervensystem weitestgehend unabhängig und verbinden verschiedene Körperregionen und Organe miteinander. In den meisten Veröffentlichungen über die Akupunkturlehre werden zwölf Hauptmeridiane genannt, die symmetrisch im Körper verlaufen. Weiters werden noch zwei Einzelmeridiane beschrieben, in denen die Energie auf der Vorder- und auf der Rückseite des Körpers (entlang der Wirbelsäule) fließt. Alle diese Meridiane beginnen auf der Haut und verlaufen ab einem gewissen Punkt im Inneren des Körpers, wo sie zu dem jeweiligen Organsystem führen. Natürlich fließt nach der Akupunkturlehre die Lebensenergie nicht nur in den Meridianen (in denen sie verstärkt fließt), sondern auch außerhalb dieser Bahnen. Denn auch das Gewebe außerhalb der Meridiane ist von der richtigen Energieversorgung abhängig.
Die chinesischen Heiler gehen überdies davon aus, daß jeder der zwölf Hauptmeridiane eine bestimmte maximale Energieflußzeit hat. Eine sogenannte „Organuhr" gibt den zweistündigen Zyklus jedes Meridiansystems an (siehe Abbildungen 18 und 19).
Durch den etwas veränderten Lebensrhythmus haben die Vagotoniker (Typ B) eine um 2 Stunden verschobene Organzeit. Das betrifft vor allem Menschen, die morgens eine sehr viel längere Anlaufzeit brauchen als andere. Sie sind zumeist erst gegen 10 Uhr richtig da, haben dafür aber abends noch Energie und sind noch zu einer Zeit voll aktiv, wenn andere Menschen müde sind und ins Bett wollen. Die ausgesprochenen Vagotoniker gehen zumeist erst um Mitternacht oder danach ins Bett. Die Maximalenergiezeiten für Vagotoniker sind also im Vergleich zu den Sympathikotonikern um ca. 2 Stunden nach hinten verschoben. Das heißt zum Beispiel, daß die Maximalzeit des Magens von 7 bis 9 Uhr bei einem Vagotoniker zwischen 9 und 11 Uhr liegt. Das ist die Zeit, wo die Vagotoniker erst richtig Hunger bekommen.
Diese Organ-Energiemaximalzeiten decken sich mit jenen Tageszeiten, an denen Sie mit Hilfe des PCE-Trainings bestimmte Organe positiv beeinflussen und heilen können. Wenn Sie zum Beispiel die PCE-Übungen in der Zeit zwischen 7 und 9 Uhr durchführen und Sympathikotoniker sind, erhält ihr Magen besonders viel Lebensenergie.
In der Zeit von 13 bis 15 Uhr wird Ihr Herz besser versorgt und regeneriert, wenn Sie ein Vagotoniker sind. In der Zeit von 21 bis 23 Uhr (bzw. von 23 bis 1 Uhr) werden vor allem Ihre Drüsensysteme mit mehr Energie aufgeladen (Meridian Dreifacher Erwärmer, die Energiebahn für die sieben inneren Drüsen).

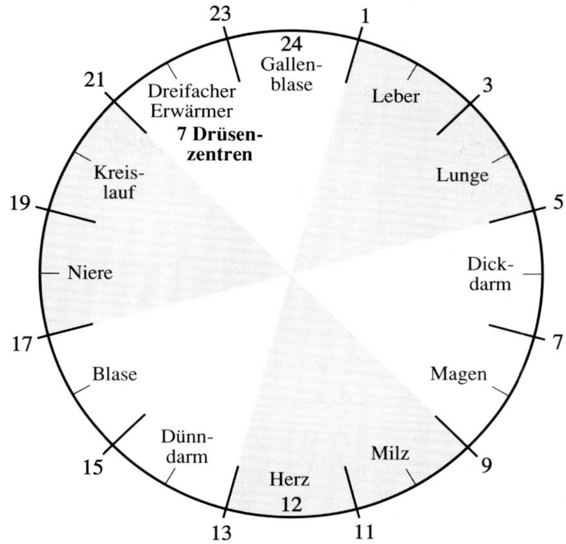

Abbildung 18: Die Organuhr des Sympathikotonikers

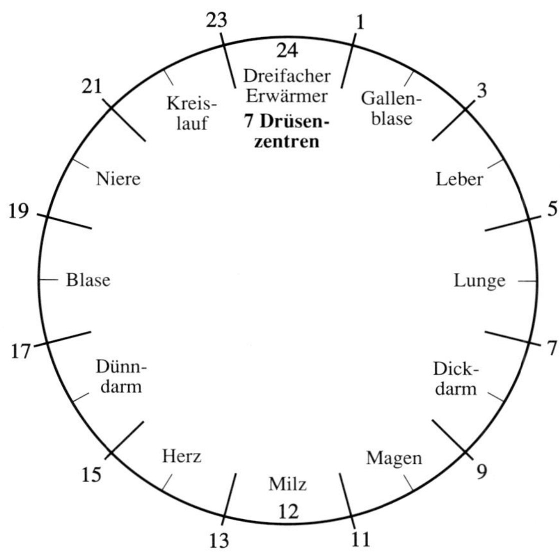

Abbildung 19: Die Organuhr des Vagotonikers

Die Zeit zwischen 21 und 23 Uhr (bzw. von 23 bis 1 Uhr) ist somit der richtige Zeitpunkt für eine PCE-Abendmeditation, denn gerade zu dieser Zeit sind die Drüsenzentren und Chakren besonders aktiv.
Gleichzeitig sind auch die Stunden zwischen 21 und 1 Uhr die denkbar ungeeignetsten für die körperliche Liebe. Denn in diesem Zeitraum sollten sich die sieben Drüsen regenerieren und durch einen inneren Ausgleich harmonisieren. Die beste Zeit für Sex wäre in der Zeit von 9 bis 11 Uhr für den Sympathikotoniker (oder zwischen 11 und 13 Uhr für den Vagotoniker), denn am frühen Morgen steigt auch die Geschlechtshormonproduktion an.
Menschen mit zeitweiligen Depressionen sollten das abendliche PCE-Training in die Zeit zwischen 19 und 21 Uhr (21 und 23 Uhr) verlegen (in dieser Zeit fallen auch Blutdruck und Puls stark ab), denn dann wird der Kreislaufmeridian mit der nötigen Energie versorgt, und in der Zeit von 11 bis 13 Uhr (13 bis 15 Uhr) sollten Sie mindestens 30mal den PC-Muskel anspannen. Auch bei einer einsetzenden Depression sollten Sie so schnell wie möglich mit den Energieübungen beginnen, denn die meisten Depressionen haben mit einer energetischen Unterversorgung des Gehirns zu tun.
Bei Ängsten sollten Sie Ihr Training in die Zeit zwischen 17 und 19 Uhr (19 und 21 Uhr) verlegen.
Bei Übergewicht hilft es, wenn Sie die Abendübung zwischen 21 und 23 Uhr (23 und 1 Uhr) absolvieren, denn dann werden Ihre Drüsen weitgehend ausgeglichen und aktiviert. Für Übergewicht ist sehr oft ein verstelltes Drüsensystem verantwortlich. In der Zeit von 19 bis 21 Uhr (21 bis 23 Uhr) sollten Sie den Magen mit 20 langsamen PC-Muskel-Kontraktionen beruhigen. Sie entziehen dem Magenmeridian zu dieser Zeit (wenn viele beim Fernsehen zu Süßigkeiten greifen) viel überschüssige Energie. Bei auftretendem Hungergefühl (zu jeder Zeit) ziehen Sie den Bauch so weit wie möglich ein und spannen den PC-Muskel an. Zählen Sie dabei langsam von 1 bis 10. Wiederholen Sie diese Übung 10mal, und das Hungergefühl verschwindet ganz.

Jede direkte Beeinflussung von Organen mit den PCE-Übungen sollte also täglich zur entsprechenden Organzeit mindestens sechs Wochen lang durchgeführt werden. Hier ist ein gleichzeitiges Visualisieren des mit Energie zu versorgenden Organs förderlich. Wenn Sie zur angegebenen Zeit nicht die Möglichkeit haben, das ganze PCE-Training durchzuführen, so machen Sie zumindest 20 langsame PC-Muskel-Kontraktionen bei gerader Wirbelsäule.

Diese Beispiele zeigen Ihnen, wie Sie mit Hilfe von Organuhr und PCE-Training ein bestimmtes Organsystem mit mehr heilender und ausgleichender Energie versorgen können. Jedes gute Fachbuch über Akupunktur gibt Ihnen weitere Auskünfte über das Zusammenspiel der einzelnen Meridiane und Organe. Viele Ärzte und Heilkundige verfügen über das nötige Fachwissen, um Ihnen bei Fragen zu bestimmten Krankheiten gezielte Hilfestellung zu geben.
Auch gibt es krankhafte körperliche Geschehen, in denen bestimmten Organen und den damit verbundenen Meridianen Lebensenergie entzogen werden sollte.
Dies geschieht am einfachsten, wenn Sie Ihre PCE-Übungen zeitlich so anlegen, daß Sie sie immer dann ausführen, wenn die Energie des zu beeinflussenden Meridians gerade am schwächsten ist. Dieser Zeitpunkt ist aus der Organuhr leicht zu erkennen, es ist nämlich immer der Zeitraum, der dem Zeitraum der Maximalenergie des zu beeinflussenden Meridiansystems oder Organs gegenüberliegt. Möchten Sie also als Sympathikotoniker dem Magenmeridian Energie entziehen, so müssen Sie dies in der Zeit von 19 bis 21 Uhr durch die PCE-Übungen tun (sind Sie Vagotoniker, zwischen 21 und 23 Uhr).
Der Kreislaufmeridian entzieht dann dem gegenüberliegenden Magenmeridian einige Energie.

Schmerzbekämpfung

Wenn Sie das Prinzip der Akupressur beherrschen (dies ist mit einem guten Buch oder durch einen Kurs leicht erlernbar), können Sie deren Wirkung – vor allem in der Schmerzbekämpfung – durch die Kombination mit den PCE-Übungen noch steigern. Gelingt es mit Hilfe der Akupressur, gewisse Energiezonen „energielos" zu machen, so kommt es zu einer Betäubung, was zur Anästhesie bestimmter Körperregionen genutzt wird.
Harmonisieren Sie zuerst mit den Runen-Übungen Ihr gesamtes Energiesystem. Dann kombinieren Sie den gerade nötigen Akupressurgriff (also die manuelle Stimulierung des in Frage kommenden Punktes) mit mehreren langsamen (ca. 10 Sekunden langen) PCE-Übungen. Denken Sie dabei an die richtige Wirbelsäulenhaltung, an die gleichzeitige Atmung sowie an die richtige Augen- und Zungenstellung. Sie sollten bei dieser Übung genauso vorgehen wie beim täglichen PCE-Training.

Wie wichtig elektrische Energie für den Heilungsprozeß ist, zeigt ein Experiment aus dem Jahre 1973.

Wenn Strom heilt

Im Jahr 1973 machte der amerikanische Orthopäde Dr. Robert Becker bei einem Test eine Entdeckung, die einen Lehrsatz der Medizin auf den Kopf stellte.
Es stellte sich nämlich heraus, daß Lebewesen die fantastische Fähigkeit besitzen, sich selbst zu regenerieren, und das auch in Bereichen, wo Regeneration bis dahin als unmöglich gegolten hatte. Im Normalfall reifen Zellen zu Leber-, Muskel-, Herz-, Nerven- oder anderen Zellverbänden heran und übernehmen in den entsprechenden Organen ihre vorgesehenen Funktionen. Allerdings: einmal Leberzelle – immer Leberzelle. Einen Weg zurück ins Frühstadium, in dem die Zelle noch keine spezifische Funktion hat, gibt es nicht – so lautete zumindest vor Beckers Entdeckung die gängige Expertenmeinung.
Becker wollte dem Mechanismus der Zellumwandlung und -regenerierung bei Salamandern auf die Spur kommen. Diese Tiere bilden – ähnlich wie Regenwürmer und auch andere Tiere – abgetrennte Körperteile wieder neu. Verliert ein Salamander ein Bein, versiegeln bei ihm zuerst die Hautzellen die so entstandene Wunde. Nach kurzer Zeit sprießen die Nervenzellen im Stumpf und stellen Kontakt zu jeder Hautzelle her. Sind Nerven und Haut verbunden, finden sich massenhaft primitive Zellen am Beinstumpf ein. Sie bilden ein Keimgewebe, das ein neues Salamanderbein aufbaut. Bei der Untersuchung des Phänomens fand Dr. Becker den alles regulierenden Schalter für das Geschehen. Er maß nämlich feine negative Gleichströme an den Wunden. Diese folgenschwere Entdeckung rüttelte an den Grundsätzen des rein chemisch orientierten medizinischen Modells, das alle Körpervorgänge bis dahin nur von Biomolekülen gesteuert sah. Mit Hilfe extrem schwacher Stromschläge in der Größenordnung von Milliardstel Ampere verwandelte Becker in der Folge spezialisierte Froschzellen im Reagenzglas in ihre undifferenzierten Vorläuferzellen zurück. Der eingesetzte (künstliche) Stromreiz hatte bestimmte Gene aktiviert, die zuvor untätig in der Erbsubstanz (DNS) der Froschzellen schlummerten.
Den Durchbruch aber brachten Robert Beckers Versuche an Ratten. Den Nagetieren wurde bei dem Versuch ein Vorderbein amputiert. Normalerweise

regenerieren verlorene Extremitäten bei Säugetieren nicht. Doch Becker schuf am Stumpf der Ratten künstliche Nerven- und Hautverbindungen, die mit schwachem Gleichstrom (etwas mehr als der natürliche Zellstrom) durchflutet wurden. Daraufhin wuchsen die amputierten Glieder neu. Damit stand fest, daß solche Stromreize auch bei Säugetierzellen eine Dedifferenzierung der Körperzellen hervorbringen können. Inzwischen vermuten die Forscher, daß eine Kommandozentrale in einem entwicklungsgeschichtlich alten Teil des Gehirns diese Art von Heilungsprozessen steuert. Sie sendet die elektrischen Impulse durch ein „Halbleiternetz", das den ganzen Körper durchzieht, und zwar nicht nur bei Tieren, sondern auch bei Menschen. Dieses Netz, so meint Dr. Becker, besteht aus dem Stützgewebe des Zentralnervensystems sowie den Nervenscheidewänden des peripheren Nervensystems. Das Zentralnervensystem umfaßt Gehirn und Rückenmark und wird von einem dreidimensionalen Gerüst aus sogenannten Gliazellen gestützt.

Das Netz, so die Theorie Beckers, leitet dem Gehirn nach einer Verletzung die Schadensmeldung zu. Über den gleichen Kanal antwortet die Zentrale mit einem Reparaturbefehl. Offenbar läuft dieser Vorgang schneller ab, als das Gehirn einen Nervenimpuls auslösen kann. Denn jedem Impuls geht ein elektrisches Gleichspannungs-Bereitschaftspotential voraus, das die Nerven erst befähigt, eigene Signale zu übermitteln. Vermutlich rufen die elektrischen Vorgänge in den biologischen Halbleitern dieses Bereitschaftspotential hervor. Es ist, als ob das Gehirn einen eigenen Geist besäße, der es steuert.

Trotz ihrer revolutionären und weitreichenden Konsequenzen sind diese Forschungsergebnisse in der wissenschaftlichen Welt noch wenig bekannt. Als Becker seine Experimente an menschlichen Zellen fortführen wollte, wurden ihm die Forschungsmittel gestrichen. Deshalb ist bis heute noch ungeklärt, ob auch die menschlichen Zellen durch die Einwirkung von Schwachstrom eine Dedifferenzierung erfahren, die zur Regenerierung verletzten Gewebes dienen könnte.

Ein neuer Forschungszweig war dennoch nicht aufzuhalten: die „kybernetische Bioforschung", zu der auch die Biofeedbackmedizin und die Elektromedizin gehören. Ihre Heilverfahren sollen – statt mit „Raketen auf Spatzen zu schießen" (so Becker) – einem erkrankten Organismus gerade das Maß an biologischer Information und Kraft liefern, das er braucht, um wieder das Gleichgewicht seiner Funktionen zu erlangen („Homöostase") und sich wieder selbst steuern zu können.

Elektrizität begleitet das Leben von Beginn an. Bewußtsein und Denkvorgänge

gäbe es ohne stromdurchpulste Nervenbahnen nicht. Selbst die Biochemie fügt sich nahtlos in das Bild einer elektromagnetisch dominierten Welt. Jede noch so geringe chemische Reaktion in unserem Körper geht auf eine Wechselwirkung zwischen geladenen Teilchen zurück. Sie entscheiden über Bindungen und die dreidimensionale Gestalt eines Moleküls. Der Garmisch-Partenkirchener Chirurg Dr. Fritz Lechner pflanzt bei schlecht heilenden Knochenbrüchen Elektroden in die Nähe der Bruchstelle und leitet (über Induktion) schwachen Strom dorthin. Experten bescheinigen der Methode Lechners verblüffende Erfolge. Daß schwache elektromagnetische Felder von niederer Frequenz das Immunsystem beeinflussen, haben mittlerweile etliche Forschungslabors unabhängig voneinander nachgewiesen. So sind, unter anderem, Veränderungen der Leukozytenanzahl und der Zellaktivität beobachtet worden. Unsere eigenen Forschungen über Zellaktivatorfelder habe ich in meinem Buch „Biofeedback, Heilung durch Körpersignale" vorgestellt. Der Schwerpunkt unserer Untersuchungen mit künstlichen, aber auch natürlichen Bioströmen liegt im Bereich Stärkung des Immunsystems (Aids-Arbeitsgruppe) und im Bereich Krebs. Unsere Laborversuche zeigten schon 1990, daß wir auch auf direktem Wege über unser eigenes Bewußtsein die elektrischen Felder unseres Körpers beeinflussen und damit möglicherweise auch Störungen wie Krebs, Immunschwäche, aber auch zahlreichen anderen medizinischen Problemen entgegenwirken können.
Was das mit der PC-Energie zu tun hat? Nun, bei hypnotisierten Personen, denen wir suggerierten, daß ihr Arm gefühllos sei, konnten wir bei Körperfeldmessungen einen Abfall der Potentiale im betreffenden Arm feststellen. Binnen weniger Minuten fielen die Potentiale auf Null ab. Messungen nach der Power-Übung zeigten gewaltige Energieverschiebungen in den betreffenden Körperteilen. Je mehr die Power-Übung das Gehirn des Trainierenden auflud, desto stärker war auch die gemessene Aktivität im visualisierten Zellbereich.

Das Zellaktivatorfeld im Test

Die Fähigkeit, sich zu regenerieren und somit Heilungsprozesse zu beschleunigen, liegt zum großen Teil an unserem körpereigenen elektromagnetischen Feld. Die Elektromedizin ist mittels moderner Geräte in der Lage, dieses natürliche Körperfeld zu verstärken, und das an jeder gewünschten Körper-

stelle. Die Felder (wir nennen sie Zellaktivatorfelder) treten mit den Körperzellen in Kommunikation. Bei Sportverletzungen sank die Heilungsdauer bei den mit Zellaktivatorfeldern behandelten Patienten um zwei Drittel der Durchschnittszeit.
Unser Körper braucht Energie, um zu leben. Diese schöpft er in der Hauptsache aus der Nahrung und aus der Atmung. Die in jeder Körperzelle ständig ablaufende sogenannte ATP-Synthese (Adenosintriphosphat-Synthese) wird bei den Probanden mit Hilfe von aufgeklebten Elektroden und durch einen chemischen Prozeß angeregt. Die beschriebenen künstlichen Felder, die auch durch das PCE-Training aktiviert werden können, erhöhen die durch die ATP-Synthese erreichte Energiemenge um bis zu 500 Prozent. Ebenso tritt eine Erhöhung der Energieaufnahmefähigkeit der Zellen um 35 bis 40 Prozent, eine Erhöhung der Proteinsynthese um 70 bis 75 Prozent, eine Verbesserung der DNA-Synthese, eine Aktivierung der T-Lymphozyten bis über 70 Prozent, eine Verbesserung der Kalziumaufnahme (besonders wichtig bei Osteoporose), eine Stärkung des Bindegewebes, eine beschleunigte Heilung von Knochenbrüchen (besonders bei älteren Menschen wichtig) ein, und nicht zuletzt wirken die feinen Ströme auch durchblutungsfördernd. Sportler wie der Weltklasse-Sprinter Carl Lewis wenden schon heute unseren Zellaktivatorfeldern ähnliche Feinströme zur Erhöhung ihrer Zellenergie an, indem sie vor dem Wettkampf mit zwei aufgeklebten Elektroden schlafen.
Aber nicht nur die Zellenergie kann mittels dieser Feinenergiefelder aufgeladen werden. Die Felder, egal, ob sie über eine technische Anlage eingespeist oder durch PCE-Training aktiviert werden, versetzen den Anwender in die Lage, die Heilungskräfte seines Körpers aus eigener Kraft zu starten. Amerikanische Untersuchungen zeigten weiters, daß die Anwendung von Zellaktivatorfeldern die Heilung nach Operationen um 50 bis 60 Prozent beschleunigte. Der Nutzeffekt von herkömmlichen wie auch alternativen Medikamenten steigert sich bei gleichzeitiger Stromanwendung sogar um 100 bis 200 Prozent.
Diese Beispiele sollen veranschaulichen, wie nötig der Mensch diese regenerierenden Kräfte – die in jedem von uns stecken – braucht, ganz besonders dann, wenn erhöhter Streß die Zellenergie herabsetzt, das Immunsystem schwächt und vor allem, wenn einmal eine Erkrankung oder auch Verletzung auftritt. Immer dann sollte der Mensch sein Energieniveau – womöglich aus eigener Kraft – heraufsetzen, um Heilung und Regeneration zu beschleunigen. Ich persönlich wende die PCE-Übung jeden Abend kurz vor dem Einschlafen

an, um meine Zellenergie anzukurbeln und das Immunsystem zu stärken. 10 bis 20 langsame PCE-Übungen (10 Sekunden anspannen, 10 Sekunden entspannen) reichen aus, die Energie zum Fließen zu bringen. Der im Schlaf entspannte Körper hält der nun frei fließenden Energie wenig negativen Widerstand entgegen. Es versteht sich von selbst, daß nur ein gut trainierter Muskel in der Lage ist, bei Krankheit und Schwäche die nötige Energie zur Regenerierung des Körpers zu entwickeln. Fühle ich mich krank oder schlapp, so wende ich die PCE-Übung mehrmals am Tag an, um so immer über die nötige frei fließende Energie zu verfügen. Vielen Spitzensportlern hilft die neue Methode nicht nur in Regenerierungsphasen und bei Ermüdung, sondern vor allem, um bei Reisen über die Zeitzonen den damit verbundenen Jet-lag schnell zu überwinden.
Wollen Sie Ihre Müdigkeit mit dieser Übung in den Griff bekommen, Depressionen (die immer ein Zeichen von zuwenig Energie im Gehirn sind) erst gar nicht entstehen lassen und vor allem Ihre natürlichen Mikroströme zu sensationellen Heilungserfolgen und zur Regenerierung Ihres Körpers benützen, so sollten Sie am besten sofort damit beginnen, die Übungen zur Aktivierung der PC-Energie zu erlernen. Dazu müssen Sie zuerst Ihren PC-Muskel stärken (siehe Seite 38). Im Falle einer Erkrankung, Verletzung etc. werden Sie so gut gerüstet sein. Die Übungen zu erlernen, wenn man sich schon geschwächt fühlt, ist weitaus mühsamer und bedarf natürlich auch mehr Zeit. Solange der PC-Muskel zu schwach ist, ist auch die durch seine Kontraktion gewonnene Energie schwach. Hier kann für die Dauer des Lernprozesses eventuell eine Unterstützung der PC-Energie durch künstliche Zellaktivator-Energiefelder helfen. Immer mehr Krankenhäuser, Labors und Biofeedbackzentren bieten dieses Verfahren an. Sprechen Sie mit Ihrem Arzt über die Sinnhaftigkeit dieses Verfahrens als Begleitmaßnahme Ihrer Behandlung. Doch bedenken Sie: Das PCE-Training und auch die Behandlung mit künstlich zellaktivierendem Strom sollte nicht eine notwendige Behandlung ersetzen, sondern eine solche nur begleiten und beschleunigen.

Heilende Hände

Dr. Elmer Green, der Mitbegründer der modernen Biofeedbackmethode, untersuchte bei 14 hellseherisch begabten Versuchspersonen und Heilern die elektrischen Potentiale, womit es dem Klinikdirektor an der renommierten Menninger Klinik im amerikanischen Topeka erstmals gelang, die „Kräfte“ von Heilern mit wissenschaftlichen Methoden zu dokumentieren. Die Heiler, die während der Messung darauf achten mußten, ihre Patienten beim Heilungsvorgang nicht zu berühren und sich auch nicht zu bewegen, erreichten hohe elektrische Aktivitäten. Einzelne besonders gute Heiler kamen bei der Arbeit mit ihren Patienten auf elektrostatische Veränderungen mit Spitzenwerten von 190 Volt. Die Kontrollgruppe, bestehend aus Klinikpersonal und anderen zufällig ausgewählten Personen, die sich alle nicht als Heiler bezeichneten, blieben unter 4 Volt. Dazu meinte der Physiker und Psychologe Green: „Unsere Ergebnisse zeigen eindeutig, daß Heiler eine sehr spezielle, bislang nie gemessene Fähigkeit besitzen. Wir können aber heute schon mit Sicherheit sagen, daß die von Heilern entwickelten Kräfte nicht auf den eigenen Körper beschränkt bleiben, sondern in ihrer Umgebung strahlen und von unseren Laborgeräten gemessen wurden.“

Das „Heilen“ oder besser das Aktivieren der Selbstheilungskräfte eines Kranken durch Handauflegen ist wie jede andere Fähigkeit für viele Menschen erlernbar. Durch das PCE-Training kann nun erstmals jeder in kurzer Zeit erlernen, die Energien seines eigenen Körpers zu aktivieren. Durch die richtige Visualisierung kann diese Energie dann z. B. in die Hände geleitet werden. Legt man die so aufgeladenen Hände richtig auf (auch das ist wichtig), entsteht ein meßbarer und mittels Biofeedbackanordnung besser steuerbarer Energiefluß im Patienten, der wiederum dessen Selbstheilungskräfte stabilisieren kann.

Durch die neuen Forschungsmethoden und Meßmöglichkeiten gehen wir mit großen Schritten einer völlig neuen Medizin entgegen. Doch sollte bei aller Euphorie nicht übersehen werden, daß gerade auf dem Gebiet der Heilung durch ein Medium, durch Handauflegen und ähnliche Praktiken viel Scharlatanerie getrieben wird. Die neuen Meßtechniken werden eines Tages dazu führen, daß Betrüger auf diesem hochsensiblen Gebiet schnell entlarvt werden können und nur jene Menschen, die eine Mindestausstrahlung an Energie erreichen, sich dann mit Recht Heiler oder Handaufleger werden nennen können. Viele Fragen bleiben aber noch offen und können nur durch intensive Forschung geklärt werden.

PC-Energie, Kundalini und der Kindling-Effekt

1969 wurde erstmals bei einem Laborversuch mit Ratten der sogenannte Kindling-Effekt hervorgerufen: Durch eine wiederholte elektrische Stimulierung des limbischen Hirnsystems (siehe Abbildungen 1 und 2, Seite 23) mittels eingepflanzter Elektroden veränderte sich das Verhalten der Testtiere stark. Sie begannen zuerst Männchen zu machen. Im Gehirn entstanden dabei interessante Muster, die sich nach und nach in die benachbarten Gehirnregionen ausbreiteten. Gleichzeitig sank die elektrische Reizschwelle ständig, so daß auch schon geringe elektrische Ladungen diesen Effekt auslösten. Wurde die Region des Gehirns stimuliert, die man in der Fachsprache Mandelkern nennt, so wanderte dieser Reiz zum Mandelkern der anderen Gehirnhälfte über, dann in gleichbleibender Reihenfolge zum Ammonshorn, zum Hinterhauptslappen und schließlich zum Stirnlappen. Es zeigte sich aber, daß der Kindling-Effekt nur dann eintritt, wenn der Reiz im limbischen System beginnt. Stimuliert man versuchsweise Hirnrinde, Hirnstamm oder Thalamus, so läßt sich keine Wirkung im eigentlichen Sinne auslösen. Bemerkenswert dazu ist, daß der Kindling-Effekt anfänglich als Epilepsie-Effekt eingestuft wurde. Doch Versuche, diesen Effekt durch Gabe der Aminosäure Taurin zu stoppen (was bei epileptischen Anfällen möglich ist), verliefen wirkungslos. Weiters stellte sich heraus, daß der durch Stimulation des limbischen Systems hervorgerufene Kindling-Effekt eine bleibende Veränderung des Nervensystems hervorrief: das Gehirn wurde gleichsam leitfähiger.

Die Analogie zwischen dem Kindling-Effekt und den Meditations-Effekten, besonders dem dramatischen Kundalini-Phänomen, ist interessant. Auch die durch Meditation ausgelöste Kundalini-Energie wird von vielen Menschen als Gefühl von nervöser Erregung, begleitet von elektrischen Empfindungen und inneren Lichtern, beschrieben. Und diese Menschen behaupten, daß der Prozeß das zentrale Nervensystem verändert.

Eine weitere Studie zeigte, daß die elektrische Reizung des limbischen Systems oder der mit dem limbischen System verbundenen Hirnbereiche eine sexuelle Reaktion auslösen kann. Hier wird wieder die Verbindung zwischen limbischem Gehirn und Sexualität deutlich. Reizt man bei einem Menschen mittels elektrischer Ströme einen anderen Hirnbereich, nämlich den Amygdala, so erlebt die Versuchsperson starke Glücksgefühle („Nirwana-Gefühle"). Gleiches geschieht auf natürliche Weise durch Meditation und kurzzeitig während

des Orgasmus. Auch hier scheinen elektrische Reize verschiedene Hirnstrukturen gleichsam in höhere Funktionsbereiche zu schalten. Das bedeutet, daß ein „Mehr“ an Energie im Gehirn ausreicht, um ungeahnte Empfindungen und Fähigkeiten zu erwecken. Die chemische Komponente ist dabei nur als Begleitmaßnahme zu sehen. Der Auslöser dieser Effekte ist eindeutig reine Energie.
Einige meditierende Personen, die wir in unserem Labor getestet haben, berichten, daß sie zuerst ein Empfinden elektrischer Natur hatten, das sich schließlich rhythmisch im ganzen Kopf verbreitete, ja manchmal beinahe konvulsiv oder orgasmisch war. Beim Kindling-Effekt handelt es sich ja um eine künstliche Aufladung des Gehirns, die allerdings dem Effekt der Power-Übung, die ebenfalls eine Aufladung des Gehirns bewirkt, sehr ähnlich ist.

Warum also, könnte man fragen, wollen wir stärkere energetische Aktivitäten in unserem Körper erfahren?
Wie gesagt ist es möglich, die Körperzellen durch spezielle zellaktivierende ATP-Ströme und PCE-Übungen aufzuladen. Unter Einfluß dieser Energien zeigte sich, daß die Aktivität der T-Lymphozyten um mindestens 70 Prozent zunahm. Untersucht man Heilungsvorgänge an Wunden, so findet man die gleiche Energie, die auf die Wundwände einwirkt. Nur so können sich neue Zellen bilden, die ein Schließen der Wunde ermöglichen. Auch die menschliche Konzentrationsfähigkeit hängt von der Konzentration unserer Lebensenergie ab. Viel Energie im Gehirn bedeutet aber auch leichtes Lernen, schnelles Erinnern, hohe Aufmerksamkeit, Kreativität, Frische, gute Laune, bestes Befinden bis hin zu Euphorie. Kein Organ, nicht einmal die kleinste Zelle unseres Körpers, arbeitet ohne die PC-Energie. Wie wir gesehen haben, strömen Heiler beim Handauflegen 30- bis 40mal mehr von dieser Energie aus als Menschen ohne Heilerfähigkeiten. Drogen können diese Energien zwar auch mobilisieren, aber das geschieht so unvermittelt, daß der Mensch mit dieser auf künstlichem Weg aktivierten Energie nicht umgehen kann und sie ihm mehr schadet als nützt.
Diese neuen Erkenntnisse lassen uns nun vieles in einem anderen Licht sehen. So sind ekstatische Zustände, Erscheinungen, Gotteserfahrungen oder Zustände der Erleuchtung nicht nur von einem Überangebot an Lebensenergie im Gehirn begleitet, diese Energie scheint überhaupt der Auslöser dafür zu sein. Unsere Orgasmusforschungen haben überdies erbracht, daß der intensivste Orgasmus vor allem im Gehirn stattfindet. Auch hier lädt sich, angetrieben

vom PC-Muskel, der nicht nur die Ursache für jede sexuelle Tätigkeit, sondern auch für jeden erotischen Gedanken ist, unser Gehirn – vor allem unsere rechte Gehirnhälfte – mit großen Mengen von Lebensenergie auf, bis zu dem Punkt, an dem ein bestimmtes Maß erreicht ist – dann erfolgt der Orgasmus, der immer von Kontraktionen der gesamten Beckenbodenmuskulatur in durchschnittlichen Intervallen von 0,8 Sekunden begleitet wird. Der Mensch nimmt diesen – einige Sekunden dauernden – Zustand als Gefühl des Glücks, der Lust, der Zuneigung, der Liebe und des Einsseins wahr. Diese Gefühle während des Orgasmus sind zwar nicht unbedingt von Dauer, sie überleben oft nicht einmal die Liebesnacht, aber sie sind für den Augenblick des Erlebens ein Funken der Glückseligkeit und von großer Bedeutung, da ein vollständiger Regenerationsprozeß entsteht.

Der Orgasmus hat zweifelsfrei eine spirituelle Komponente. Die sexuelle Ekstase, begleitet von Gefühlen des Einsseins, des Glücks und der Liebe, hat viel gemein mit der – und da sind sich die meisten Mystiker aus Ost und West einig – sogenannten Gotteserfahrung. Er ist sozusagen ein Vorgeschmack auf die weniger flüchtigen Zustände der Glückseligeit, die sich durch Praktiken wie Meditation und diverse Ekstasetechniken, zu denen die PCE-Meditation nach einigem Üben ebenso führen kann, einstellen. Technisch gesprochen könnte man sagen: Lassen wir die Orgasmuserfahrung ungehemmt zu, durchbrechen wir die Grenzen des normalen Bewußtseins. Nicht von ungefähr finden sich in alten ernstzunehmenden Texten über Kundalini, Ch'i oder einfach über die Lebensenergie immer direkte Hinweise, daß es sich bei dieser Energie um die Sexualenergie handelt. Sie steigt vom Beckenbereich hinauf in unser Gehirn und erfüllt dann den Trainierenden oder Mystiker mit heller Ekstase. Auch das wohl bekannteste System des Kundalini-Yogas, das Tantra, ist in Aufbau und Ideologie aufs engste mit der menschlichen Sexualität verbunden. Und betrachtet man die neuesten Forschungsergebnisse, so kann man wohl mit Recht sagen, daß schon das kurze Aufflackern der Sexualenergie während des Orgasmus die Wirkung eines Allheilmittels für den menschlichen Körper hat. Was sollte also dagegen sprechen, diese Energie gezielt und bewußt durch regelmäßiges Training zu aktivieren?

Wie geht es weiter?

Das PCE-Training wurde über die Energieaktivierung hinaus bereits für viele Menschen (welche wir diese Übungen schon vor Erscheinen dieses Buches gelehrt hatten) zur aufregenden Reise zum eigenen Selbst.
Ich habe diese Übungen so entwickelt, daß sie nach genauer Beschreibung als alleinstehende Technik durchgeführt werden können. Sie können das PCE-Training aber auch in ihr persönliches Meditations-, Fitneß- oder Selbsterfahrungsprogramm einbauen. Die Übungen sind in erster Linie ein effektives Werkzeug für die Arbeit an sich selbst.
Die Übungen der PCE-Meditation sind vor allem Übungen zur Selbsttransformation, zur Bewußtseinserweiterung durch die Aktivierung brachliegender Hirnareale.
Zu erlernen, wie man an seine inneren Energien gelangt, unterbewußtes Wissen freisetzt, neue Fähigkeiten aktiviert und trainiert, heißt auch immer, sein Bewußtsein zu erweitern. Dies aber läßt Sie Teil einer besonderen Gruppe von Menschen werden, die ebenfalls Erfahrungen mit diesen potentiellen Fähigkeiten gesammelt und so ihr Bewußtsein über das normalen Maß hinaus erweitert haben.
Fühlen Sie sich also aufgerufen, sich mit Gleichgesinnten zusammenzutun, um die Übungen in einem Kreis von Freunden gemeinsam zu praktizieren und Erfahrungen auszutauschen. Geben Sie Ihr neues Wissen über die Wirkungsweise des PCE-Trainings weiter, und Sie werden sich wundern, wie viele Ihrer Freunde, Bekannten oder Arbeitskollegen Interesse daran haben.
Geben Sie uns bekannt, wenn Sie einen PCE-Übungskreis gegründet haben oder gründen wollen. Alle interessierten Personen und Gruppen nehmen wir auch gerne in unsere Instituts-Datenbank auf und geben dann die Kontaktadresse an andere Interessenten weiter.
Schreiben Sie uns auch über Ihre persönlichen Erfahrungen mit dem PCE-Training, und helfen Sie uns, mit Ihren Erfahrungen die inneren Energien noch besser zu erforschen.

Gerhard H. Eggetsberger

ANHANG

Noch mehr Power für den ganzen Tag

Lebensenergie aus Pflanzen

Hier möchte ich Ihnen einige pflanzliche Substanzen zur Unterstützung Ihres PCE-Trainings vorstellen, deren Zusammenstellung und Wirkung mit Hilfe neuester biomedizinischer Meßgeräte und Verfahren entwickelt und getestet wurden. „Eine der Möglichkeiten, die Kundalini-Energie zu erwecken, basiert auf dem Gebrauch von Kräutern“, sagte Swami Satyananda, der berühmte Yogi. Doch darf man darunter nicht den Gebrauch von Rauschdrogen verstehen. Durch Kräuter kann eine teilweise oder auch vollständige Erweckung der Energie erreicht werden. Swami Satyananda sagt aber auch: „Man muß die Kräuter, die man benützt, um die inneren Potentiale, die Lebenskraft, zu erwecken, auch verstehen.“ Es gibt nämlich Kräuter, welche die Energiekanäle erweitern, aber auch ausschalten können.

Die Wirksamkeit solcher mit Lebensenergie aufgeladenen Kräuter und Essenzen ist für viele, die damit experimentieren, verblüffend. An sich sind solche für gesunde Menschen ungefährliche Pflanzenstoffe nur dann sinnvoll, wenn sie in ein System von Übungen eingebaut werden wie z. B. das PCE-Training oder die PCE-Meditation. Nur innerhalb solcher Übungen, die den Wirkstoffen eine feste Entwicklungsstruktur geben, entfalten diese Stoffe eine positive Wirkung, und die so aktivierte Energie kann auch bewußt geleitet werden.

Bei meinem Forschungsaufenthalt in Südwestafrika – dem heutigen Namibia – im Jahre 1979 besuchte ich auch die afrikanischen Buschmänner. Diese praktizieren noch heute eine beinahe ausgestorbene Heiltradition. Während dieser Heilungsrituale aktivieren die Buschmannheiler die in ihnen steckende Kraft „Num“, die ihren Sitz im Bauchraum hat und am Ende der Wirbelsäule ruht. Durch Singen und intensive Tanzbewegungen „erhitzen“ sie das Num und lassen es entlang der Wirbelsäule aufsteigen. Erreicht die Kraft Num das Gehirn, tritt der Heiler in den Zustand der Trance ein, die „Kia“ genannt wird.

Dieser Zustand macht sehend, erweitert das Bewußtsein, und in diesem Zustand können die Heiler nun die Kraft Num auf andere übertragen. Mich faszinierte diese Vorstellung und auch die Ähnlichkeit zum indischen Kundalini, zumal hier zwei Kulturen völlig unabhängig voneinander ziemlich gleiche Erfahrungen mit der Lebensenergie gemacht haben.
Dazu kommt, daß auch die Buschmänner bei ihren Heilungen oft pflanzliche Substanzen verwenden, die ihrer Ansicht nach Num, die Lebensenergie, enthalten. Diese Pflanzen werden zum Zweck der Heilung zermahlen und mit öligen Substanzen vermengt. Die so hergestellten Pasten kommen in einen leeren Schildkrötenpanzer oder in ein längliches Holzgefäß. Die Heiler entzünden dann ein Stück Holz und stecken das glühende Holzstück in die Paste. Die entstehenden Dämpfe, die nach Aussage der Buschmänner Num enthalten, werden dann vom Patienten inhaliert. Diese Methode der Energieaktivierung hat mich viele Jahre beschäftigt.
Im Zuge der Betreuung von Spitzensportlern begann das Institut für Wirkstoffanalyse unter meiner Leitung, mit einfachen essentiellen Ölen und Extrakten sowie Destillaten, die ebenso in der Lage sind, die Lebensenergien zu aktivieren, zu experimentieren. Durch Biofeedbackmessungen, vor allem durch Messungen der Hirnpotentiale und des psychogenen Hirnfeldes, ist es uns auch gelungen, Stoffe herauszufinden, die einerseits die Energie aktivieren, andererseits aber auch ein Zuviel an Energie unterdrücken können. Im sportlichen Einsatz erwiesen sich diese Stoffe als wirkungsvoll, ohne den Sportler zu belasten. Durch ihre Inhalation kann das Gehirn (das limbische System – siehe Abbildung 2, Seite 23) beeinflußt werden. So erreichen die Sportler Spitzenleistungen, auch wenn sie einmal nicht voll Energie waren. Bei Wettbewerben konnten, unter kontrollierten Bedingungen, bahnbrechende Rekorde aufgestellt werden.
In Anlehnung an die geheimen Wirkstoffe der Buschmänner entwickelten wir unter anderem aphrodisiche Stoffe und zuletzt auch Stoffe, welche die inneren Energien bereit machen für eine tiefgreifende Meditation. Um Ihnen die Möglichkeit zu bieten, im Zuge der PCE-Meditationsübung noch mehr Lebensenergie zu aktivieren, habe ich einen Wirkstoff zusammengestellt, welcher in unserem Labor ebenfalls auf seine Wirksamkeit geprüft wurde, den jeder selbst erzeugen kann und der absolut ungefährlich in seiner Anwendung ist.
Die Stoffe, die Sie für den Wirkstoff *Power* benötigen, sind in jedem größeren Reformhaus oder in jeder Drogerie, die ätherische Öle führt, zu kaufen. Ich kenne bislang keine Kontraindikationen, aber der reinen Vorsicht halber sollten

Schwangere den Gebrauch dieser Essenzen unterlassen, und Kranke oder psychisch labile Personen sollten den Arzt ihres Vertrauens um Rat fragen.

Power – der Wirkstoff, der Ihnen Energie gibt

Zutaten

3 Tropfen Basilikumöl
7 Tropfen Rosmarinöl
2 Tropfen Bergbohnenkrautöl
2 Tropfen Petersiliensamenöl
4 Tropfen Kardamomöl
3 Tropfen Ingweröl
1 Tropfen Canangaöl
5 Tropfen Sandelholzöl
3 Tropfen Patschuliöl
2 Tropfen Rosengeranienöl
1 Tropfen Nelkenöl
4 Tropfen Pfeffer-schwarz-Öl

Zubereitung

Diese Zutaten vermengen Sie mit 10 ccm Weingeist (96prozentiger Alkohol) aus der Apotheke und fügen 5 ccm destilliertes Wasser dazu. Schütteln Sie diese Mischung sehr gut durch. Durch das beigefügte Wasser wird die Lösung leicht trüb sein. Der so entstandene *Power*-Wirkstoff soll nun in einer Duftlampe oder einem dafür geeigneten Luftbefeuchter verdampfen. Nehmen Sie dazu ca. 5 bis 7 ccm des Gemisches, und lassen Sie diese Menge in einem geschlossenen Raum, der nicht größer als 40 Quadratmeter ist, verdampfen. In größeren Räumen müssen Sie die Lösungsmenge entsprechend erhöhen. Der *Power*-Wirkstoff entfaltet nach ca. 30 Minuten seine volle Kraft.

Wirkung

Gehirnanregend, beschleunigtes EEG, leicht kreislaufbelebend und euphorisierend.

Es gibt Situationen, in denen Sie nicht so sehr Energie brauchen, als vielmehr

Entspannung. Unsere Messungen haben gezeigt, daß es sich bei nervösen Menschen um Personen handelt, die unter starken Muskelverspannungen und somit unter energetischen Blockaden leiden. Hier half zumeist, wenn wir den Betreffenden beibrachten, was sie dazu tun können, diese Blockaden wieder aufzulösen. Zumeist half schon das PCE-Training allein, um Störungen der Energien zu überwinden. Unterstützend wirkt der Stoff *Relax*.

Relax – der Wirkstoff, der Sie entspannt

Zutaten

8 Tropfen Ingweröl
3 Tropfen Basilikumöl
2 Tropfen Muskatellersalbeiöl
4 Tropfen Fenchelöl
1 Tropfen Immortelleöl
3 Tropfen Sandelholzöl
3 Tropfen Zedernholzöl
1 Tropfen Canangaöl
2 Tropfen Ylang-Ylang-Öl
1 Tropfen Benzoe
1 Tropfen Lorbeeröl
6 Tropfen Rosengeranienöl
2 Tropfen Ysopöl
4 Tropfen Melissenöl

Zubereitung

Diese Zutaten vermengen Sie mit 10 ccm Weingeist (96prozentiger Alkohol) und fügen 5 ccm destilliertes Wasser dazu. Schütteln Sie diese Mischung sehr gut durch. Der *Relax*-Wirkstoff soll nun in einer Duftlampe oder einem dafür geeigneten Luftbefeuchter verdampfen. Nehmen Sie dazu ca. 4 bis 6 ccm des Gemischs, und lassen Sie diese Menge in einem geschlossenen Raum, der nicht größer als 40 Quadratmeter ist, verdampfen. In einem größeren Raum müssen Sie die Lösungsmenge entsprechend erhöhen. Der *Relax*-Wirkstoff entfaltet nach ca. 15 Minuten Einatmen seine volle Kraft.

Wirkung
Gehirnentspannend, beruhigend, ausgleichend, leicht kreislaufdämpfend und antidepressiv.

Es versteht sich von selbst, daß auch dieses Rezept in oftmaligen Tests direkt mittels Biofeedbackkontrolle auf seine Wirkung überprüft wurde. Es stellte sich dabei heraus, daß der Wirkstoff *Relax* die Wirkung des Stoffes *Power* neutralisieren kann. Beide Stoffe sollten Sie (wenn möglich) mindestens vier Wochen vor der Anwendung mischen und dann lagern. So wird die Wirkungsweise noch verstärkt. Achten Sie bitte darauf, daß Sie nur hochwertige, 100 Prozent reine ätherische Öle verwenden. Sie können die Wirkstoffe *Power* und *Relax* auch in unserem Institut bestellen.

Was uns sonst noch powert

Anregende Düfte oder Badezusätze

Unsere Messungen haben ergeben, daß Stoffe wie Rosmarin, Basilikum und Thymian das Gehirn aktivieren. Beim Einatmen dieser ätherischen Öle beschleunigt sich das EEG, steigt die Hirnfeldaktivität, mehr Energie wird im Gehirn freigesetzt. Die ätherischen Öle von Bergbohnenkraut und Ylang-Ylang beleben hingegen die Sinne vor allem aphrodisisch.

Entspannende Düfte oder Badezusätze

Sandelholz wirkt stimmungsaufhellend und entspannend. Weihrauch verlangsamt die EEG-Gehirnwellen. Lindenblütenextrakt und Lavendel können sogar eine vorangegangene Übererregung durch Koffein schnell ausgleichen.

Geben Sie 8 bis 10 Tropfen des Aromas mit der gewünschten Wirkung (100 Prozent reine ätherische Öle) in eine Duftlampe, stellen Sie diese zentral in das zu aromatisierende Zimmer, und genießen Sie den sich entfaltenden Duft.

Brennessel

Trinken Sie in der PC-Muskel-Aufbauphase und auch danach öfter einmal etwas Brennesseltee (2 Tassen täglich) oder auch Brennesselsaft. Die Brennessel ist eines der wichtigsten und ältesten Heilmittel für das Gehirn überhaupt. Sie ist ein guter Lieferant für Eisen. Durch ihren hohen Gehalt an Chlorophyll gilt die Brennessel als Körper- und Gehirnentgifter.
Am besten wäre es, wenn Sie zwei Eßlöffel vom Preßsaft mit Wasser verdünnen und 15 Minuten vor dem Frühstück, auf nüchternen Magen, lauwarm trinken.

Guarana

Guarana, der Wirkstoff aus einer tropischen Kletterpflanze, ist wegen seiner belebenden und konzentrationsfördernden Wirkung bekannt. Das Guarana ist als gemahlenes Pflanzenpulver in Kapselform erhältlich, es gibt aber auch schon moderne Powerdrinks, in denen Guarana als aktivierender Wirkstoff enthalten ist. Nimmt man Guarana zu sich, so entfaltet es durch seinen hohen Anteil an Koffein eine energiesteigernde Wirkung über 3 bis 4 Stunden, ohne dabei empfindliche Organe wie Herz oder Magen zu belasten. Guarana ist schonender als Kaffee oder Tee. Die empfohlene Menge des Pulvers beträgt etwa einen halben Teelöffel, der in Milch, Saft oder Müsli verrührt werden kann. Guarana gibt es in Reformhäusern und Drogerien.

Johannisbeeren

Die schwarzen Johannisbeeren, roh gegessen oder als Saft getrunken, vermitteln dem Gehirn eine starke elektromagnetische Aufladung.

Taurin

Der Stoff Taurin, der in der Muttermilch vorkommt, stabilisiert die Nervenzellenmembranen im Gehirn. Taurin hat eine stark anregende Wirkung und ist vor allem in einigen modernen Powerdrinks enthalten.

Vitamine

Von Vitaminen kann man nicht genug kriegen, vor allem, wenn sie aus natürlichen Quellen wie Obst oder Gemüse stammen. Der Nobelpreisträger Linus Pauling fand heraus, daß die tägliche Einnahme einer hohen Dosis Vitamin C unseren Intelligenzquotienten um 3,54 Punkte ansteigen läßt. Er empfahl als optimale Menge Vitamin C 1,8 bis 3,5 Gramm täglich (eingenommen als Ascorbinsäure).

Lexikon

In diesem Lexikon sind nicht nur die in diesem Buch verwendeten Fachausdrücke enthalten, sondern auch Begriffe, die in der Fachliteratur oft vorkommen.

-A-

Ableitung: Abgreifen bioelektrischer, als Biosignal nutzbarer Potentiale mittels Elektroden zum Nachweis von Potentialdifferenzen an Gewebe und Organen, z. B. Elektroenzephalogramm, Elektrokardiogramm oder Elektromyogramm. Entsprechend der gewählten Elektrodenplazierung unterscheidet man zwischen bipolarer und monopolarer Messung. Im weitesten Sinne auch das Registrieren anderer physikalischer Biosignale (z. B. Temperaturveränderungen) mittels spezieller Meßfühler.

AC (alternating current): siehe Wechselstrom – Möglichkeit der Hautwiderstandsmessung über AC.

Aktionspotential: der Signalfortleitung dienende, kurzzeitige Umkehr oder Änderung des Membranpotentials am Axon der Nerven- bzw. Muskelzelle. Wird z. B. mit EMG gemessen.

Aktivierung: eine Funktion oder einen Mechanismus in Tätigkeit setzen, bzw. bereits vorhandene Aktivität steigern.

Aktivität: allgemeine Bezeichnung für jegliche Art von hauptsächlich durch innere Bedingungen ausgelöster Tätigkeit des Organismus, sowohl der einzelnen Elemente wie Zellen, Gewebe oder Organe als auch des Gesamtorganismus. Der Begriff wird manchmal als Gegenstück zum Begriff Reaktion, der eine durch äußere Bedingungen ausgelöste Tätigkeit umfaßt, verwendet, und zwar sowohl für physiologische als auch für psychologische Sachverhalte.

Akupunktur: alte Heilmethode der chinesischen Medizin. Einstechen von Nadeln in die Haut bestimmter Körperpunkte, an denen die erkrankten Organe Zonen mit erhöhter Schmerzempfindlichkeit haben.

Alpha-Wellen: relativ große, rhythmische Gehirnwellen mit einer Frequenz von 8 bis 12 Hz, die im EEG auftreten. Sie werden mit Entspannung in Zusammenhang gebracht.

Amplitude: Scheitelwert, d. h. jeweils größter Wert einer periodisch veränderlichen Größe. Auch ein Maß für die Stärke eines elektrischen Signals, wobei dann das Volt die Maßeinheit darstellt.
Anästhesie: Ausschaltung der Schmerzempfindung (z. B. durch Narkose). Auch durch Hypnose und Biofeedbacktraining möglich.
Antidepressiva: Medikamente, die seelische Schwermut und Depressionen lindern. (Verwendung zeigt sich durch bioelektrische Meßwerte.)
Antigen: artfremder Eiweißstoff (z. B. Bakterien), der im Körper die Bildung von Antikörpern bewirkt, die den Eiweißstoff selbst unschädlich machen.
Antikörper: Eiweißstoffe der Körperzellen, die das Eindringen artfremder Stoffe in die Blutbahnen abwehren. Wird das Immunsystem mit Antigenen konfrontiert, bildet es häufig Antikörper.
Die meisten dieser Zucker-Eiweiß-Moleküle (Glykoproteine) sind y-förmig und streifen wie Spürhunde durch Blut und Lymphe: Jeder dieser Antikörper kann mit seinen beiden Armen zwei Antigenmoleküle gleichzeitig festhalten und auf diese Weise Krankheitserreger zusammenklumpen. Antikörper können sich an in den Körper eingedrungene Fremdstoffe heften, sie dadurch „opsonisieren" (griechisch: opsonein = schmackhaft machen), und Freßzellen sowie Komplement aktivieren.
Ein stecknadelkopfgroßer Tropfen Blut enthält Milliarden von Antikörpern. Bei einer Infektion steigt diese Zahl noch weiter an: Plasmazellen produzieren dann spezifische Antikörper gegen den jeweiligen Erreger. Jede dieser Zellen stellt einen bestimmten Antikörpertyp her. Durch spontane genetische Veränderungen in den B-Zellen, den Vorläufern der Plasmazellen, können wahrscheinlich über 100 Millionen verschiedener Antikörpertypen entstehen. Antikörper kommen nur in Wirbeltieren vor. Sie bilden im Blut eine Gruppe von Glykoproteinen, die Immunglobulin (Ig) genannt wird.
Aufmerksamkeit: allgemeine und vielseitig verwendete Bezeichnung für die wahrnehmungsmäßige Selektion eines bestimmten Reizes oder Reizmusters, die Bestandteil einer komplexen Reizsituation sind. Dabei passen sich die Sinnesorgane und/oder das Zentralnervensystem auf eine für die betreffenden Reize optimale Weise an, so daß die Nervenerregungen optimal werden.
autogenes Training (AT): von J. H. Schultz entwickelte Methode, durch eine Art autosuggestiver Entspannung bestimmte Körperfunktionen zu beeinflussen und so z. B. Spannungszustände, Schmerz oder Schlaflosigkeit zu überwinden.
autonomes Nervensystem: siehe vegetatives Nervensystem.

Autosuggestion: Form der Suggestion, die ein Individuum ohne äußere Einwirkungen bei sich selbst vornimmt und wodurch es sein eigenes Verhalten und Erleben beeinflußt. Autosuggestion kann sich auch auf den körperlichen Bereich auswirken und wird deshalb bei Entspannungstechniken angewendet.

-B-

B-Zellen: entstehen, außer beim Ungeborenen, im Knochenmark, reifen in lymphatischen Organen und gelangen von dort in Blut und Lymphe. Gemeinsam mit den T-Zellen sind sie Hauptakteure der spezifischen Immunantwort: Sie produzieren Antikörper. Auf der Oberfläche trägt jede B-Zelle Antikörper eines bestimmten Typs, mit dem sie selektiv einen Ankerplatz auf einem Antigen erkennen kann. Gleichzeitig wird das Antigen auch von antigenpräsentierenden Zellen und T-Zellen entdeckt, die daraufhin Botensubstanzen aussenden. Die jeweils betroffenen B-Zellen empfangen diese chemische Botschaft, vermehren sich und werden zu Plasmazellen. Diese können bis zu 2000 identische Antikörper pro Sekunde herstellen. Gleichzeitig entstehen B-Gedächtniszellen, die das erkannte Antigen in Erinnerung behalten.
Bereitsschaftspotential: ein langsames, ansteigendes negatives Potential im EEG, das Bewegungen oder anderen Antwortreaktionen vorangeht (bis zu 1,5 Sekunden) und sie begleitet.
Beta-Wellen: rhythmische Gehirnwellen im EEG, die eine Frequenz von ungefähr 14 bis 30 Hz aufweisen und meist im wachen, aufmerksamen Zustand auftreten.
Bindegewebe: Füll- und Stützgewebe des Körpers.
Biofeedback: Rückmeldung von nicht direkt wahrnehmbaren physiologischen Prozessen wie z. B. Herzfrequenz, Blutdruck, elektrische Muskel- oder Hirnaktivität durch ein wahrnehmbares Signal. Man benötigt dazu einen Biorezeptor, der die betreffende Organfunktion erfassen und als elektrische Potentiale darstellen kann. Diese Potentiale werden verstärkt und in direkt wahrnehmbare visuelle oder akustische Signale umgeformt. Mit solchen exterozeptiven Feedbackschleifen kann der Organismus lernen, auch sogenannte unwillkürliche oder autonome Körperfunktionen ähnlich wie willkürliche Körperbewegungen zu kontrollieren, das heißt, autononome Reaktionen werden operant konditioniert.
Biokybernetik: Steuerung und Kontrolle von biologischen Werten, siehe dazu auch Kybernetik.
Biologie: Lehre vom Leben.

biologisch: Lebewesen betreffend.
Biopotential: elektrischer Potentialunterschied zwischen zwei an einem Organismus angebrachten Meßstellen. Entsteht durch die Aktivität biologischer Systeme, z. B. durch Muskelkontraktion oder Gehirnaktivität.
Blindversuch: Versuchsanordnung, bei der entweder der Versuchsleiter bzw. die Versuchsperson oder auch beide (Doppelblindversuch) die entscheidenden Bedingungen der Versuchsdurchführung nicht kennen. Der Doppelblindversuch wird speziell auch zum Testen der Wirksamkeit von Pharmaka eingesetzt. Dabei wissen weder der Versuchsleiter noch die Versuchspersonen, wer die zu testende Substanz und wer das Kontrollpräparat (Placebo) erhält. In der psychologischen Diagnostik wird der Blindversuch als Kontrollverfahren verwendet, wobei der beurteilende Psychologe nur die Testdaten und/oder die Verhaltensprotokolle sieht, nicht aber den Patienten selbst.
Blutdruck: der in den Gefäßen des Körper- und Lungenkreislaufs herrschende Druck. Im engeren Sinne der auf Herzhöhe gemessene arterielle Blutdruck im Körperkreislauf; der Höchstwert (während der Herzkammerkontraktion) wird als systolischer und der Tiefstwert als diastolischer Blutdruck bezeichnet.

-C-

Chakra (Cakra): indisch wörtlich „Rad“ oder „Kreis“. Bezeichnung für die Energiezentren, die sich entlang der Wirbelsäule im feinstofflichen Körper befinden. Es gibt sieben Hauptchakren, die mit den Drüsen korrespondieren. Sind die Chakren duchgängig, so drehen sie sich, und die Energie fließt ungehindert. Sind alle Chakren richtig aktiv, so soll es zu einer spirituellen Bewußtseinserweiterung kommen. Doch immer muß zuerst die Kundalini-Energie ungehindert fließen, um die Chakren in Bewegung zu setzen.
Charisma: Gabe und Eigenschaft, die wir in uns tragen; persönliche Ausstrahlung. Nach unseren Messungen entwickelt sich Charisma aus der überaktiven rechten Gehirnhälfte bei Personen, die gleichzeitig stark extravertiert sind.
Ch'i: Lebensenergie nach dem chinesischen Tao.
Chromosomen: faden- oder schleifenförmige Bestandteile der Zellkerne, auf denen die Erbanlagen angeordnet sind.
chronisch: sich langsam entwickelnd, langsam verlaufend.
Cortex: Hirnrinde; Struktur aus Nervenzellen auf der Oberfläche beider Gehirnhälften.

-D-

DC: siehe Gleichstrom

Delta-Wellen: rhythmische Gehirnwellen mit großer Amplitude und einer Frequenz von 1 bis 4 Hz, die während des Tiefschlafs im EEG auftreten.

Dendriten: kurze Fortsätze an der Nervenzelle, die normalerweise über die Synapsen aufgenommene Erregungen zum Zellkörper leiten.

Depression: Verstimmung, Niedergeschlagenheit, traurige Verfassung.

depressiv: mit Verstimmungen verbunden.

Diagnose: Erkennung von Krankheiten, eines Krankheitsbildes.

Diagnostik: Lehre von der Erkennung der Krankheiten.

Drüsen: Sekretionsorgane. Die kleinen Drüsen sind einzellig, die großen Drüsen haben einen komplizierten Aufbau, wie etwa die Bauchspeicheldrüse. Drüsen mit äußerer Sekretion haben Ausführungsgänge, dazu gehören die Speicheldrüsen, Schweißdrüsen, Magendrüsen und Darmdrüsen. Bei innerer Sekretion werden die Ausscheidungen der Drüsen unmittelbar ins Blut aufgenommen.

-E-

Echtzeitverarbeitung: Funktionsweise eines Computers, der die eintreffenden Daten gleichzeitig mit dem zu kontrollierenden Experiment verarbeitet.

Ekstase: Verzückung, seelischer Erregungszustand.

Elektrode: elektrisch leitende Kontaktfläche, die der direkten oder indirekten Zuführung elektrischer Potentiale oder der Ableitung elektrischer Biopotentiale aus dem Körper dient.

Elektrodenpaste, -gel: elektrisch leitfähige Paste zur Herstellung eines guten elektrischen Dauerkontaktes zwischen Hautoberfläche und Elektrodenfläche.

Elektroenzephalogramm, EEG: Aufzeichnung der durch die Gehirnaktivität erzeugten bioelektrischen Potentialschwankungen, die sich mit auf die Kopfhaut geklebten Elektroden ableiten lassen.

Elektrokardiogramm, EKG oder ECG (electrocardiogram): aufgezeichneter zeitlicher Verlauf der bioelektrischen Potentiale bzw. Potentialdifferenzen, die bei der Erregungsausbreitung und Erregungsrückbildung in der Herzmuskulatur entstehen.

Elektromyogramm (EMG): Aufzeichnung der Zeitspannungskurve der durch die Muskelaktivität erzeugten elektrischen Potentiale; die Messung wird mit Hautoberflächenelektroden (Oberflächen-EMG) oder mit Nadelelektroden vorgenommen, die man in den Muskel einführt.

Elektromyographie: EMG-Methode, die Aktionsströme von Muskeln aufzuzeichnen. Die von der Haut abgeleiteten Ströme werden elektrisch verstärkt und sichtbar gemacht.
Emotionalität: gefühlsmäßige Wertung, Gesamtheit der gefühlsmäßigen Zustimmung oder Ablehnung.
Entspannungstechniken: Techniken, die dazu verhelfen, durch psychische Belastung erzeugte Spannungs- und Erregungszustände abzubauen, wie z. B. autogenes Training, progressive Entspannung, Atemübungen, gezieltes Organtraining mit Biofeedback, Yoga oder Meditationsübungen. Diese Verfahren gehen von der Tatsache aus, daß psychische Vorgänge eng mit körperlichen verknüpft sind.
Epilepsie: Fallsucht. Erbliche oder als Folge von Verletzungen und Geschwüren auftretende Gehirnerkrankung. Krampfanfälle mit Zuckungen des ganzen Körpers, röchelnder Atmung, Schaum vor dem Mund, Bewußtlosigkeit, unkontrolliertem Wasserlassen. Der Anfall setzt meistens so unverhofft ein, daß es zu Verletzungen beim Hinfallen kommt. Nach zwei bis vier Minuten fällt der Kranke in Schlaf. Neben den großen Anfällen kommen auch Dämmerzustände vor. Die Ursachen sind bis heute noch nicht völlig erforscht, man vermutet als Auslöser Stoffwechselstörungen im Gehirn.
evoziertes Potential: durch Reizung eines Sinnesorgans oder seiner efferenten Nerven auslösbare Potentialveränderungen im Gehirn, die in der Regel als Summenpotentiale mit auf der Kopfhaut befestigten EEG-Elektroden abgeleitet werden.

-F-

Feedback: aus der Nachrichtentechnik bzw. der Kybernetik stammende Bezeichnung, welche heute für jegliche Art von Rückmeldungssystemen verwendet wird, die auf mehr oder weniger automatische Weise den Vollzug, die Wirksamkeit oder den Grad der Angemessenheit einer bestimmten Tätigkeit oder Handlung anzeigen (Syn.: Reafferenz, Rückkoppelung, Rückmeldung, Rückwirkung).

-G-

galvanische Hautreaktion GHR, HGR (hautgalvanischer Reflex) oder *GSR (galvanic skin response):* veralteter Begriff für die elektrodermale Aktivität.
Generatorpotential: der Zustand eines Rezeptors, nachdem er erregt und teil-

weise depolarisiert worden ist. Wenn die Depolarisation fortgeführt wird bis zur Erregungsschwelle, produziert das G. einen Nervenimpuls.
Gewebe: Zellverbände aus gleichartigen Zellen, die zusammengefügt die Organe der Lebewesen bilden. Bei Menschen und Tieren unterscheidet man Epithelgewebe, Muskelgewebe, Stütz- oder Bindegewebe, Nervengewebe, Blut.
glatte Muskulatur: aus spindelförmigen Muskelzellen bestehendes Gewebe, das die Wände der Eingeweide und Blutgefäße auskleidet. Wird durch das vegetative Nervensystem innerviert.
Gleichspannungspotential: das G. zwischen verschiedenen Hirnbereichen zeigt die Aktivität der darunterliegenden Gehirnzellen an.
Gleichstrom (DC): nur in einer Richtung fließender elektrischer Strom.

-H-
Halluzination: krankhafte Form der Sinnestäuschung, die ohne äußere Reize entsteht. Die Vorstellungen weichen oft gänzlich von allen realen Möglichkeiten ab.
Hatha-Yoga: indische Methode zur Entwicklung psychosomatischer Kräfte, vor allem durch Kontrolle des Körpers, seiner Kräfte und seiner Funktionen. Reine Körperübungen, die an eine ausgeklügelte Gymnastik erinnern, aber weit darüber hinausgehen.
Hautpotential: elektrische Potentialdifferenz zwischen einer Oberflächenelektrode, die auf einer mit zahlreichen Schweißdrüsen versehenen Hautpartie angebracht ist, und einer Referenzelektrode. Das Hautpotential besteht aus einer als Hautpotentialniveau (skin potential level, SPL) bezeichneten tonischen und einer als Hautpotentialreaktion (skin potential reaction, SPR) bezeichneten phasischen Komponente.
Hautwiderstand: elektrischer Widerstand der Haut, bestehend aus einer als Hautwiderstandsniveau (skin resistance level, SRL) bezeichneten tonischen und einer als Hautwiderstandsreaktion (skin resistance reaction, SRR) bezeichneten phasischen Komponente.
High-Technology: hochstehende moderne Techniken der letzten Jahre.
Hormone: Wirkstoffe, die von den Drüsen mit innerer Sekretion in die Blutbahn abgesondert werden und in bestimmter Weise die Stoffwechselvorgänge im Körper steuern.
Einige Hormone sind lebenswichtig, zum Beispiel das Insulin der Bauchspei-

cheldrüse. Andere sind für die Funktion des Organismus unentbehrlich, so die Keimdrüsen- und Schilddrüsenhormone. Ein Ausfall oder die Überproduktion eines Hormons rufen immer schwerere Störungen hervor, zum Beispiel Zuckerkrankheit (Diabetes) bei Insulinmangel.
Hypnose: künstlich herbeigeführter Zustand der Bewußtseinseinengung einer Person.
Hypnotika: einschläfernde, den Willen lähmende Mittel.
Hypophyse: Hirnanhangdrüse, wichtiges Organ der inneren Sekretion. Ein etwa bohnengroßer Körper, der mittels eines Stiels an der Gehirnbasis befestigt ist. Die Hypophyse ist das übergeordnete hormonelle Steuerzentrum des Körpers.
Hypothalamus: Teil des Zwischenhirns, der wichtige Vorgänge im Körper steuert, unter anderem die Wärmeregulation, Wach- und Schlafvorgänge, Blutdruck und Atmungsablauf, Stoffwechsel und Schweißsekretion.

-I-

IC (integrated circuit): integrierte Schaltung, moderner elektronischer Bauteil (in Biofeedbackgeräten).
immun: unempfänglich, zum Beispiel gegen Ansteckung.
Immunantwort: Bei der spezifischen Immunantwort ziehen Antikörper und Abwehrzellen gegen einen spezifischen Erreger in den Abwehrkampf. Beim ersten Aufeinandertreffen – der *primären* Immunantwort – reagiert die Körperabwehr noch langsam. Schneller, konzentrierter und heftiger ist die *sekundäre* Antwort: Gedächtniszellen beschleunigen die Mobilisierung des Immunsystems und erhöhen die Schlagkraft. Neben dieser selektiven und anpassungsfähigen Reaktion spielt die nichtspezifische Immunantwort eine wichtige Rolle bei der Verteidigung: Freßzellen und Komplement unterscheiden nicht, was sie vernichten.
Immunglobulin (Ig):
a) IgG: ist das Haupt-Immunglobulin im Blut. Ihm gehören drei Viertel aller Antikörper an. IgG sorgt für lange andauernde Immunität nach einer Infektion oder Impfung. Nur Antikörper der Klasse G treten aus dem mütterlichen Blut von der Plazenta in den Kreislauf eines ungeborenen Kindes über und schützen es nach der Geburt vor Infektionen, bis das Neugeborene nach zehn bis zwölf Wochen selbst IgG produziert.
b) IgA: kommt am zweithäufigsten vor (15 bis 20 Prozent der gesamten Ig-Menge): In Körperflüssigkeiten wie Tränen, Schweiß und Speichel, im

Schleimhautsekret der Atem-, Verdauungs- und Geschlechtsorgane verhindert IgA, daß Krankheitserreger in den Körper gelangen.

c) IgM: (Mengenanteil 10 Prozent) ist der größte Antikörper: Das Molekül besteht aus fünf sternförmig verbundenen Ypsilons und kann daher besonders wirksam Antigene binden, Bakterien „verkleben" und Komplement aktivieren. Bei einer Infektion werden zuerst IgM-Antikörper gebildet.

d) IgD: machen weniger als ein Prozent der freien Antikörpermoleküle im Blut aus. Hauptsächlich sitzen sie auf der Oberfläche von B-Zellen und könnten eine Rolle bei deren Entwicklung spielen. Ihre genaue Funktion ist aber unbekannt.

e) IgE-Antikörper besetzen die Oberfläche basophiler Granulozyten (im Blut) und der Mastzellen (in Schleimhäuten). Als freie Moleküle treten sie im Blut äußerst selten auf. Die IgE-Menge ist fast immer erhöht bei Wurminfektionen und Soforttyp-Allergien.

immunisieren: durch Impfung unempfänglich machen.

Immunität: Unempfindlichkeit gegenüber Infektionen, man unterscheidet Seuchenfestigkeit und Giftfestigkeit.

Immunologie: Lehre von der Immunität und den Abwehrreaktionen des Körpers.

Immunregulation: Zur Dämpfung einer Immunantwort kommt es, wenn in der „Nettobilanz" aus fördernden und hemmenden Regulationsmechanismen die unterdrückenden Wirkungen überwiegen. Wie und welche Mechanismen zusammenwirken, ist noch weitgehend unbekannt. Die Netzwerktheorie des Dänen Niels Jerne erklärt die Dämpfung des Immunsystems über die Hemmung von Antikörpern durch „Anti-Antikörper" in einem „Anti-idiotypischen Netzwerk". Auch das Gehirn ist bei der Immunregulation beteiligt: Fast alle der bis jetzt geprüften Hormone wirken auf das Immunsystem.

Impotenz: Unfähigkeit des Mannes zum normalen Beischlaf, meistens wegen mangelnder Erektion; im weiteren Sinne auch Zeugungsunfähigkeit.

-J-

Joga: siehe Yoga.

-K-

Kleinhirn: eine der entwicklungsgeschichtlich ältesten Strukturen des Nervensystems von Wirbeltieren (auch Menschen). Ins Kleinhirn laufen alle Arten von sensorischen Informationen ein, z. B. über die Kontraktion der Muskeln.

Kundalini: die kosmische weibliche Energie, die im Muladhara-Chakra (tiefstes Energiezentrum) im Steißbeinbereich ruht. Sie zu erwecken ist das erklärte Hauptziel der meisten Yogis. Die verschiedensten Techniken zur Erweckung der Kundalini – auch Lebensenergie oder Sexualenergie genannt – werden als Kundalini-Yoga bezeichnet.
Kybernetik: Name der von Norbert Wiener begründeten modernen Wissenschaft, die sich mit der Steuerung, Kontrolle und Kommunikation in Organismen und Maschinen befaßt. *Biokybernetik:* die Steuerung und Kontrolle von biologischen Werten.

-L-

limbisches System: Teile der alten, primitiven Strukturen des Gehirns, die Grundbedürfnisse und -funktionen wie Hunger, Sexualverlangen, autonome Funktionen, Emotionen usw. steuern.
Lymphozyten: Immunzellen, die zu den weißen Blutkörperchen gehören und sich aus den Stammzellen des Knochenmarks entwickeln. B- und T-Zellen sind Lymphozyten.

-M-

Management: Steuern eines Unternehmens auf ein Ziel hin.
Mantra: ein Wort mit einer speziellen oder spirituellen Bedeutung, auf das die Aufmerksamkeit während einer Meditation fokussiert wird. Wie Schlüssel-, Schalt- oder Auslösewort.
Membranpotential: Potentialunterschied an der Zellmembran als Folge einer ungleichen Ionenverteilung. Bildet im unerregten Zustand das Ruhepotential, im erregten Zustand das Aktionspotential.

-N-

Nebennierenmark: Teil der Nebenniere, die Adrenalin ausscheidet.
Nerven: aus Nervenfasern bestehende Leitungsbahnen, in denen die vom Zentralnervensystem ausgehenden Erregungen weitergeleitet werden.
Nervensystem: Gesamtheit des reizaufnehmenden und -verarbeitenden Nervengewebes, das die Lebensfunktionen steuert und koordiniert.
Nervenzentren: die im Gehirn und Rückenmark liegenden Ausgangspunkte der verschiedenen Nervengebiete.

-O-

on line: direkt verbunden, gleichzeitig.

-P-

parasympathisches Nervensystem: kraniosakraler Teil des autonomen Nervensystems; bewirkt gewöhnlich die Gegeneffekte zum sympathischen Nervensystem.

peripheres Nervensystem: sämtliche Nervenstrukturen, die sich außerhalb des Gehirns und des Rückenmarks befinden.

Placebo-Therapie: Eingabe eines „Scheinmedikaments“, das einem bestimmten Arzneimittel nachgeformt ist. Es enthält keinerlei pharmazeutische Wirkstoffe und soll lediglich zeigen, ob ein Patient suggestiv beeinflußbar ist und auch auf Scheinmedikamente eine Reaktion zeigt.

progressive Entspannung: von E. Jacobson entwickeltes Entspannungstraining. Die betreffende Person lernt dabei, zunächst die am einfachsten zu kontrollierenden Muskeln zu entspannen, dann einzelne Muskelgruppen, bis sie schließlich dazu gelangt, den ganzen Körper zu entspannen.

Psyche: Seele, Geist.

psychisch: seelisch, geistig.

psychogenes Feld oder psychogenes Hirnfeld: ein meß- und darstellbares, individuelles Energiefeld, daß von der Verhaltens- und Denkstruktur des einzelnen abhängig ist. Im Institut für angewandte Biokybernetik und Feedbackforschung (1983) entdeckt und definiert.

psychogenes Ganzfeld: ein meß- und darstellbares, individuelles Energiefeld, das von der Verhaltens- und Denkstruktur des einzelnen anhängig ist, das sich aus dem Hirn- und Körperfeld des Menschen zusammensetzt. Im Institut für angewandte Biokybernetik und Feedbackforschung (1983) entdeckt und definiert.

Psycho-Neuro-Kybernetik: eine neue (vom IBF-Wien entwickelte) Methode zur Steuerung und Kontrolle von geistigen Zuständen, Bewußtmachen von unbewußten, im Urbewußtsein ablaufenden Prozessen mittels Biofeedbacktraining. Siehe dazu auch Kybernetik.

Psychologie: Lehre vom menschlichen Verhalten.

Psychopharmaka: Sammelbezeichnung für Arzneimittel, die anregend oder dämpfend auf die Psyche wirken.

-Q-

-R-

Regeneration: Wiederherstellung, Heilung, z. B. Ergänzung zerstörter Gewebe.

Rehabilitation: Wiedereingliederung Behinderter in ihre Umgebung und in den Arbeitsprozeß.

Rezeptoren:

1. Spezialisierte Zellen oder Zellbestandteile, die mit Sinnesnerven verbunden sind und durch jeweils entsprechende Reizqualitäten erregt werden. Allgemein werden vier Klassen unterschieden, nämlich Licht-, Mechano-, Chemo- und Thermorezeptoren.
2. Zellorganellen im Nervensystem, die auf Neurotransmitter ansprechen und der Erregungsübertragung dienen.
3. Moleküle auf der Oberfläche von Zellen, mit deren Hilfe unter anderem Antigene erkannt werden. Die bekanntesten Rezeptoren der Immunzellen sind: Antikörper, T-Zell-Rezeptoren und MHC-Rezeptoren.

Ruhepotential: bioelektrische Potentialdifferenz zwischen Innen- und Außenseite erregbarer biologischer Membranen im unerregten Zustand.

Runen: werden in erster Linie als uralte Schriftzeichen, Buchstaben verstanden. Im Wohnraum der germanischen Völker sind Runen etwa ab Chr. Geburt oder etwas davor belegt. Die Runen wurden scheinbar in erster Linie zu magischen Zwecken und erst sekundär für schriftliche Mitteilungen im üblichen Sinne verwendet. Jede Rune trug bei den Germanen einen eigenen Namen, durch den sie einen konkreten Gegenstand vertrat. In Island wurden die Runen noch im 17. Jahrhundert zu magischen Zwecken verwendet. Die Hexenverfolgung machte dieser Art von Magie und Schriftzauber ein Ende. Neueste Forschungen zeigen, daß die Runenzeichen in einer Urform aber schon in der Steinzeit bekannt waren. Sie waren eine Art Urschrift, die auf Holzstäben, auf Knochen und auf Runensteinen eingeritzt oder gemalt wurden. Die ursprüngliche Herkunft der Runen aus dem Mittelmeergebiet wird heute allgemein von der Wissenschaft anerkannt. Immer waren einzelne Runen energetischen Körperstellungen und Handstellungen zugeordnet. Einige dieser Körperstellungen finden sich im PCE-Training wieder. Sie galten in der menschlichen Frühgeschichte als besonders wirksame Energiestellungen.

-S-

Schilddrüse: 20 bis 60 Gramm schwere, aus Bläschen bestehende Drüse mit innerer Sekretion. Sie hat zwei Seitenlappen und ein schmales Mittelstück und liegt dem Kehlkopf und dem oberen Luftröhrenknorpel an. Sie produziert ein jodhaltiges Hormon, das in den Bläschen gespeichert wird. Dieses Hormon steigert den Stoffwechsel, regt im Kindesalter das Wachstum an und fördert die Muskel- und Nerventätigkeit. Schilddrüsenerkrankungen hängen meistens mit Gewebevermehrungen zusammen, die zu einer Überfunktion der Drüse führen, in schweren Fällen zur Basedowschen Krankheit.

Schilddrüsenüberfunktion: Vermehrung des Drüsengewebes mit weichem Kropf, Unrast, Schlafstörungen, Glanzaugen, Menstruationsstörungen, Abmagerung.

Schilddrüsenunterfunktion: Unterentwicklung des Drüsengewebes mit Jodmangel; die geistige Aktivität kann herabgesetzt sein, häufig bei angeborener Form.

Streß: umfassende Bezeichnung für alle physischen und psychischen Belastungszustände, die Veränderungen im autonomen Nervensystem bewirken und bei zu großer Intensität oder Dauer zu psychosomatischen Störungen führen können. Entscheidend ist in erster Linie die psychische Komponente, das heißt das Erleben dieser Belastungen und Bedrohungen sowie die Ungewißheit, ob man sie bewältigen kann.

Stressoren: äußere Informationen, die auf eine Person wirken. Ein und derselbe Stressor kann unterschiedliche Reaktionen hervorrufen.

Suggestion: allgemeine und umfassende Bezeichnung für die Beeinflussung psychischer und physischer Prozesse durch Vermittlung einstellungsverändernder, verbaler Botschaften. Suggestion wird in der Psychotherapie in Form von Autosuggestion bzw. Fremdsuggestion durch den Therapeuten z. B. bei der Hypnose oder zur Unterstützung von Entspannungsmethoden angewendet. Der Grad der suggestiven Beeinflußbarkeit eines Individuums wird als Suggestibilität bezeichnet.

Sympathikotonie: Verschiebung des vegetativen Gleichgewichts zugunsten des sympathischen Systems im Sinne einer erhöhten Erregbarkeit des sympathischen Systems; kommt meist im Rahmen einer konstitutionellen vegetativen Labilität vor.

sympathisches Nervensystem: thorakolumbaler Teil des autonomen Nervensystems; bewirkt für gewöhnlich die Gegeneffekte zum parasympathischen Nervensystem.

System: besteht aus wechselseitig aufeinander wirkenden und rückwirkenden Einzelteilen. Wenn mehrere vorher getrennte Systeme in Beziehung treten, kann daraus ein neues, übergeordnetes System entstehen.

-T-

T-Zellen: T-Zellen sind thymusabhängig. Nach ihrer Entstehung im Knochenmark werden sie in der Thymusdrüse dazu „erzogen", körpereigene Strukturen als „selbst" zu erkennen. Neben den B-Zellen stellen sie die wichtigste Abwehrtruppe der spezifischen Immunantwort. Im Blut und Lymphsystem nehmen sie ihre umfangreichen Aufgaben wahr. Die wichtigsten: die Zerstörung virusinfizierter Zellen, die Aktivierung von Abwehrzellen sowie deren Unterdrückung. Völlig verstanden ist die Funktion der T-Zellen noch nicht. Fremde Antigene ertasten sie mit ihren T-Zell-Rezeptoren. Wie die B-Zellen vermehren sich die T-Zellen bei einer Immunantwort und bilden Gedächtniszellen.
T-Helfer-Zellen: erkennen Antigene auf antigenpräsentierenden Zellen und alarmieren die Abwehr: Über Botenstoffe veranlassen sie B-Zellen, Antikörper zu bilden, aktivieren Makrophagen und T-Killer-Zellen. Sie erkennen Antigene üblicherweise in Verbindung mit Molekülen der MHC-Klasse II. Der Aids-Erreger HIV befällt unter anderem T-Helfer-Zellen.
T-Killer-Zellen: töten vor allem virusbefallene, aber auch krebsig entartete Körperzellen. Sie erkennen Virus-Antigene auf der Zelloberfläche zusammen mit den Antigenen der MHC-Klasse I, docken an und bringen die angegriffene Zelle zum Platzen.
Taekwondo: eine über 2000 Jahre alte koreanische Kampfkunst des waffenlosen Kampfes, olympische Disziplin, weltweit vertretene Budosportdisziplin.
Theta-Wellen: rhythmische Gehirnwellen im EEG, die eine Frequenz von 3,5 bis 7 Hz aufweisen und beim Übergang vom Wach- zum Schlafzustand auftreten.
Trance: ein veränderter, die freie Willensbestimmung ausschließender Bewußtseinszustand, der autosuggestiv oder auf hypnotischem Wege herbeigeführt werden kann, manchmal auch spontan auftritt. Zustand, bei dem die Herrschaft über den Körper aufgehoben ist, zum Beispiel in tiefer Hypnose.

-U-

unbewußt: seelische Vorgänge, die sich außerhalb des Wachbewußtseins vollziehen, also im Ursprungsbewußtsein. Anfänglich in der Psychoanalyse von

S. Freud verwendeter Begriff einer seelischen Tiefenschicht ohne bewußte Vorgänge; in dieser wirken viele Antriebe des Verhaltens ohne bewußte Kontrolle. Triebkonflikte werden nach Freud ins Unbewußte verdrängt.

-V-

Vagotonie: dauerhafte Verschiebung des vegetativen Gleichgewichts im Sinne einer erhöhten Dämpfung oder eines Überwiegens des parasympathischen Systems. Kommt meist im Rahmen einer konstitutionellen vegetativen Labilität vor.
vegetatives Nervensystem: Teil des peripheren und zentralen Nervensystems, der – als Gegenstück und Partner des animalen Nervensystems – den vegetativen Funktionen dient, das heißt der Regulation der unbewußten inneren Lebensvorgänge (Aufrechterhaltung der Homöostase) sowie deren Anpassung an die Erfordernisse der Umwelt. Wird auch als viszerales oder autonomes Nervensystem bezeichnet und besteht aus den beiden Antagonisten Sympathikus und Parasympathikus.
Volt: Maßeinheit für die elektrische Spannung. Ein Millivolt (mV) ist ein tausendstel, ein Mikrovolt ein millionstel Volt.

-W-

Wechselstrom: elektrischer Strom, der in meist sinusförmiger Weise periodisch seine Richtung ändert.
Widerstand: ein Maß für die Gegenkraft, die dem Durchlaufen eines Stroms durch einen Leiter entgegengebracht wird; verhält sich reziprok zur Leitfähigkeit.

-Y-

Yoga: indische philosophische Lehre, deren Ziel es ist, durch Meditation, Askese und bestimmte körperliche Übungen den Menschen von dem Gebundensein an die Last der Körperlichkeit zu befreien.

-Z-

zentrales Nervensystem, ZNS: Gehirn und Rückenmark.

Literatur

Ackermann, H./Diener, H. C./Dichgans, J.: Funktionsorientierte, neurophysiologische Diagnostik. Long loop-Reflexe bei spinalen und zerebralen Läsionen, o. A.

Benjamin, Harry: Ohne Brille bis ins hohe Alter. Bauer Verlag

Chang, T. Stephen: The Complete System of Self-Healing. Internal Exercises. Tao Publishing

Comfort, Alex: More Joy of Sex. Ullstein Verlag

Comfort, Alex: New Joy of Sex. Ullstein Verlag

Coslett, H. B. & Heilmann, K. M.: Male sexual function: Impairment after right hemisphere stroke. Archives of Neurology

Dargatz, Thorsten/Wiemhoff, Claudia: Rücken-Training. Vorbeugende Hilfe für den Alltag bei Rückenbeschwerden. Sportingform Verlag

Eggetsberger, G. H.: Biofeedback, Heilung durch Körpersignale. Verlag Perlen-Reihe

Eggetsberger, G. H.: Charisma-Training. Orac Verlag

Eggetsberger, G. H.: Hypnose, die unheimliche Realität. Verlag Perlen-Reihe

Eggetsberger, G. H.: Kopftraining macht gesund. Orac Verlag

Eggetsberger, G. H.: Was Sie über Sex wissen sollten. Neue biomedizinische Erkenntnisse. Verlag Perlen-Reihe

Eggetsberger, G. H./Eder, K. H.: Das neue Kopftraining der Sieger. Die Entdeckung und Nutzung des psychogenen Hirnfeldes. Orac Verlag

Eggetsberger, G. H./Eggetsberger, R.: Bericht des Instituts für angewandte Biokybernetik und Feedbackforschung Wien, Forschungsbericht Nr. 2/94/416: „Vorauswertung der PC-Energie, Kundalinienergie, eine neue biomed. Messung."

Fisch, Guido: Akupunktur. Goldmann Verlag

Gaito, John: Kindling-Effekt u. Taurin. Psychological Bulletin

Gardemin, E. & Weitkamp, H.: Die Heilkräuterfibel. Falken Verlag

Geesing, Hermann: Die beste Waffe des Körpers: Enzyme. Bastei Lübbe Verlag

Gräfenberg, E.: The role of Urethra in female Orgasm. O. A.
Guttmann, G.: Lehrbuch der Neuropsychologie. Verlag Hans Huber
Jung, Carl: Psychological Commentary on Kundalini Yoga. Abschrift eines 1993 gehaltenen Seminars. Spring Publications
Kegel, A. H.: Stress Inkontinence of Urin in Women. O. A.
Kinsey, Alfred: Sexual behavior in the human female. Saunders
Kokoschinegg, Peter/Plenk, Hilde: Bioelektrische Messungen an Akupunkturpunkten zur Diagnose und Therapiekontrolle. Bericht der Arbeitsgemeinschaft für Strahlenforschung
Kotschenreuther, Helmut: Das Reich der Drogen und Gifte. Ullstein Verlag
Krishna, Gobi: Kundalini: The Evolution Energy in Man. O. A.
Lobsack, Theo: Die manipulierte Seele. Econ Verlag
Lowen, Alexander: Bio-Energetik. Therapie der Seele durch Arbeit mit dem Körper. rororo
Lowen, Alexander: Liebe, Sex und dein Herz. rororo
Masters, W. H. & Johnson, V. E.: Die sexuelle Reaktion. Rowohlt Verlag
Pelt, Jean Marie: Pflanzenmedizin. Heilkraft aus der Natur. Verlag Knaur
Praktikus: Destiallateur-Praxis 1. Band. Karl Stamm Verlag
Rattner, Josef: Psychologie der Frau. Die moderne Frau zwischen Mythos und Wirklichkeit. Angewandte Psychologie. Verlag Classen
Springer, Sally P. und Deutsch, Georg: Linkes, rechtes Gehirn. Funktionelle Asymmetrien. Verlag Spektrum der Wissenschaft
Stöhr, M./Dichgans, J./Diener, H. C./Buettner, U. W.: Evozierte Potentiale, Springer Verlag
Thompson, Richard F.: Das Gehirn. Von der Nervenzelle zur Verhaltenssteuerung. Verlag Spektrum der Wissenschaft
Wüstenfeld, H.: Trinkbranntwein und Liköre. Untersuchung und Beschaffenheit/Analyse von Kräutern, Wurzeln, Rinden und ätherischen Ölen. Pareys Bücherei